A INVENÇÃO DA AMÉRICA

FUNDAÇÃO EDITORA DA UNESP

Presidente do Conselho Curador
Herman Jacobus Cornelis Voorwald

Diretor-Presidente
José Castilho Marques Neto

Editor-Executivo
Jézio Hernani Bomfim Gutierre

Conselho Editorial Acadêmico
Alberto Tsuyoshi Ikeda
Célia Aparecida Ferreira Tolentino
Eda Maria Góes
Elisabeth Criscuolo Urbinati
Ildeberto Muniz de Almeida
Luiz Gonzaga Marchezan
Nilson Ghirardello
Paulo César Corrêa Borges
Sérgio Vicente Motta
Vicente Pleitez

Editores-Assistentes
Anderson Nobara
Henrique Zanardi
Jorge Pereira Filho

EDMUNDO O'GORMAN

A INVENÇÃO DA AMÉRICA

REFLEXÃO A RESPEITO DA ESTRUTURA HISTÓRICA DO NOVO MUNDO E DO SENTIDO DO SEU DEVIR

Tradução de
Ana Maria Martinez Corrêa
Manoel Lelo Bellotto

© 1986 by Fondo de Cultura Económica, S. A. de C. V.
Título original em espanhol: La Invención de América.
© 1992 da tradução brasileira

Direitos de publicação reservados à:
Fundação Editora da Unesp (FEU)
Praça da Sé, 108
01001-900 – São Paulo – SP
Tel.: (0xx11) 3242-7171
Fax: (0xx11) 3242-7172
www.editoraunesp.com.br
www.livrariaunesp.com.br
feu@editora.unesp.br

Dados Internacionais de Catalogação na Publicação (CIP)
(Câmara Brasileira do Livro, SP, Brasil)

O'Gorman, Edmundo, 1906-
  A invenção da América: reflexão a respeito da estrutura histórica do Novo Mundo e do sentido do seu devir / Edmundo O'Gorman; tradução de Ana Maria Martinez Corrêa, Manoel Leio Bellotto. – São Paulo: Editora da Universidade Estadual Paulista, 1992. – (Biblioteca Básica)

  Bibliografia.
  ISBN 85-7139-025-8

  1. América – Descobrimento e exploração 2. América–Histórica I. Título. II. Título: Reflexão a respeito da estrutura histórica do Novo Mundo e do sentido do seu devir.   III. Série.

92-1977
     CDD-970.01

Índices para catálogo sistemático:
1. América: Descobrimento e explorações: História   970.01

Editora afiliada

*À
Universidade Nacional Autônoma do México
com gratidão e amor*

SUMÁRIO

9   Apresentação
15   Advertência
17   Prólogo

23   Primeira Parte
História e crítica da ideia
do descobrimento da América

69   Segunda Parte
O horizonte cultural

97   Terceira Parte
O processo de invenção da América

181   Quarta Parte
A estrutura do ser da América
e o sentido da história americana

209   Fontes
211   Índice remissivo

Alegoria das quatro partes do mundo. Ilustra o conceito hierárquico dessa divisão do mundo em que a Europa aparece com as insígnias da realeza. Cubero, Sebastián P. *Peregrinación del mundo*. Nápoles, Porsile, 1682.

APRESENTAÇÃO

O calendário universal de 1992 está marcado por efemérides que convidam a cuidadosas atitudes reflexivas e a oportunas revisões de posturas historiográficas. Entre aquelas, a chegada de Colombo à América constitui evento que tem estimulado a produção científica, particularmente a de estudiosos americanos e europeus, sem deixar de, ao mesmo tempo, alimentar ampla produção de natureza ficcional. No entanto, apesar de todo o significado que possa ter para a nossa história, tal efeméride é contemporânea de outros acontecimentos ocorridos em 1492, valorizados pelos pensadores europeus, como a expulsão dos judeus da Espanha, o fim do domínio islâmico na Península Ibérica e a publicação da primeira gramática em língua espanhola. No dizer de Consuelo Varela, uma das mais respeitadas colombistas espanholas, membro da Comissão Central do V Centenário, na Espanha, e dirigente do Pavilhão do Século XV na Exposição Universal de Sevilha: "É nesta época que a Europa começa realmente a existir." A par dessa visão exclusivista, o evento proporciona aos americanos um exercício de memória, sendo esta uma oportunidade para revisões críticas à maneira de configurar o passado colonial, às formas de colonização e à própria historiografia que ainda situa as origens históricas da América em 1492.

Tais preocupações são reveladoras de questões que inquietam o homem contemporâneo, tanto quanto as transformações por que passa a Europa atualmente com as mudanças no Leste, os múltiplos nacionalismos, a formação da comunidade europeia, o acirramento das várias formas de racismo, colocando em pauta a questão da identidade cultural europeia. Nessa ordem de coisas, o interesse por temas americanos, ou mais especificamente latino-americanos, passa na Europa a um segundo plano. Em 1892, por ocasião do IV Centenário, outras eram as preocupações, a ponto de converter a efeméride – a viagem de Colombo à América – em evento memorável, oferecendo a oportunidade de um congraçamento digno de comemorações, com o levantamento de estátuas em homenagem a Colombo, como tentativa de simbolizar a união da Europa com a América, no século da emancipação dos novos Estados Americanos. Num momento em que ainda se fazia possível sugerir a canonização de Colombo como meio de promover, entre Europa e América, a unidade espiritual abalada no decorrer das convulsões das independências desses Estados, tema sobre o qual tão magistralmente discorreu Alejo Carpentier em *El arpa y la sombra*, o IV Centenário consagrava a expressão "descoberta da América".

Se 1492 tem para a Europa um sentido especial, para a América pode ser considerado ponto de partida de reflexões sobre o seu significado entre dois tempos: o anterior e o posterior a essa data. Daí o interesse em editar no Brasil a obra de Edmundo O'Gorman, *A invenção da América*.

Edmundo O'Gorman, historiador mexicano, ligado à Universidade Nacional Autônoma do México, que tem atuado em universidades norte-americanas, ativo colaborador em várias revistas especializadas, vem se dedicando aos estudos da colonização da América. Seu trabalho realiza-se em várias frentes, seja como professor, seja ainda como escritor, seja finalmente como editor de importantes obras de interesse para a História colonial latino-americana. Foi responsável por edições de textos de notáveis cronistas como Joseph Acosta e Las Casas, entre outros.

O interesse de O'Gorman pelo tema remonta à década de 1950; *A invenção da América* teve sua primeira edição em 1958. Seus escritos demonstram a preocupação pela comprovação histórica, com a utilização de fontes documentais seguras. O'Gorman, no entanto, não se contenta apenas em buscar fontes fidedignas; seu trabalho tem um cunho reflexivo, que analisa as fontes de conformidade com uma argumentação lógica; seus escritos se caracterizam por um apego às reflexões filosóficas.

Essa é a linha que orienta o texto *A invenção da América*. Apoia-se no levantamento de questões, de forma didática, ordenada, segundo princípios que ele mesmo estabelece, de acordo com uma reflexão filosófica a respeito da entidade América: seu ser e sua existência. A obra tem a qualidade de estar respaldada por farta documentação, que permite ao leitor uma visão complexa da fundamentação histórica do momento estudado. Nessa oportunidade, o leitor entra em contato com informações veiculadas em trabalhos de Oviedo, Gómara, Fernando Colombo, Las Casas, Herrera, Beaumont, Robertson, Navarrete, Irving, Humboldt, Morison, Pedro Mártir de Anglería e do próprio O'Gorman, além de textos de Colombo e de Américo Vespúcio.

Com base nessa documentação, O'Gorman desenvolve a tese que tem como núcleo a análise das viagens de Colombo, particularmente a de 1492. Essa análise consiste em desmontar o conceito de "descoberta da América", substituindo-o por "invenção da América", o que não significa apenas uma interpretação ao ato de Colombo mas, antes de tudo, uma interpretação filosófica, uma maneira de se conceber o universo e os elementos que o compõe – céu, terra, mundo, espaços. Trata-se também de uma concepção de homem e de humanidade, envolvendo nesse exercício reflexivo a produção historiográfica ao alcance dos humanistas da época. Talvez o que estivesse na mente de O'Gorman, no momento de sua opção pela tese, tenha sido procurar entender a visão de mundo do homem de fins do século XV, quando o enfrentamento do desconhecido leva a novas concepções acerca da dimensão de si mesmo e do universo, quando as grandes navegações colocam novos problemas a respeito de realidades até então ignoradas. O que talvez, conforme registra O'Gorman, não esteja muito distante das questões colocadas para o homem de meados do século XX, no limiar de novas descobertas espaciais, transformando os navegadores do espaço em novos descobridores ou novos inventores de mundos.

A rejeição de O'Gorman pelo termo "descoberta" entende-se, ainda, pela visão que o historiador tem do ato de Colombo, ao propor uma análise mais cuidada sobre os objetivos das viagens. Para isso, cerca-se da documentação possível que informa a respeito do que havia na Europa sobre o "mundo conhecido". Constitui, acima de tudo, uma questão historiográfica que privilegia uma visão essencialmente europeia da questão.

A opção pelo termo "invenção" é sugestiva pela ambiguidade que possibilita: de um lado, o termo vem acompanhado de toda uma visão de América, na qual predomina o fantástico, o fabuloso, o legendário, o mítico; de outro, o termo pode lembrar algo que é construído racionalmente. Por isso mesmo, sua narrativa tem o sentido da construção de uma visão. Sua "invenção" tem o caráter de uma crítica à historiografia que produziu o conceito de "descoberta".

Se *A Invenção da América* abre novos horizontes para o entendimento das condições que cercaram o de 12 de outubro de 1492, o texto é, no entanto, ainda limitado quanto às possibilidades de uma interpretação mais ampla e, por isso mesmo, mais crítica do acontecimento. Conserva uma visão particularista, analisando 1492 na perspectiva meramente europeia, mais ainda, espanhola, mantendo em silêncio constrangedor, quase que absoluto, o que se passava em Portugal. O acontecimento é visto como um ato da vontade de um agente civilizador, que estabelece uma identidade fatal entre a cultura europeia e o mundo, onde não reconhece espaço para outras culturas. Apesar do constante apelo às considerações de ordem geral, universal, o encontro da América ainda é produto de um mundo fragmentado na visão parcial da cultura espanhola.

Apesar dessas considerações, e talvez por elas mesmas, a obra oferece a oportunidade de discutir tema tão polêmico, tornando possível o que propõe Galeano ao sugerir, pelo recurso à memória, o conhecimento de uma outra América: "... para o navegador em busca do vento, a memória é um porto onde lançar sua âncora."

Ana Maria Martinez Corrêa
Manoel Lello Belotto
(História – UNESP – Campus de Assis)

ADVERTÊNCIA

O texto desta segunda edição em castelhano é o mesmo que, então traduzido por mim para o inglês e agora corrigido e ampliado, serviu de original para a edição inglesa publicada em Bloomington, 1961, pela *Indiana University Press*, e reeditada pela *Greenwood Press*, 1972, West Port, Connecticut.

No prólogo dessa edição, também aqui reproduzido, expliquei a gênese do livro e informei a respeito das extensas adições que introduzi em relação à primeira edição em castelhano, Fondo de Cultura Económica, México-Buenos Aires, 1958. Nada, pois, tenho a acrescentar, salvo deixar o testemunho da satisfação que me causa a oportunidade de oferecer ao leitor de língua espanhola esta renovada versão da obra que, entre as minhas, considero a menos indigna de se expor de novo aos rigores da luz pública.

E. O'G.
Temixco, junho de 1976.

PRÓLOGO

A tese central deste livro tem um longo processo de gestação. Desde 1940, quando me foi encomendada a tarefa de reeditar a grande obra histórica do padre José de Acosta,[1] percebi vagamente que o aparecimento da América no seio da Cultura Ocidental não se explicava de um modo satisfatório pensando que havia sido "descoberta" num belo dia de outubro de 1492. Com efeito, através das páginas de Acosta, percebia-se a configuração de um processo explicativo do ser do Novo Mundo que parecia desnecessária, ao se considerar certa aquela interpretação. A esse processo chamei, então, a "conquista filosófica da América" num pequeno livro que publiquei dois anos mais tarde.[2] A solução para a dúvida que havia surgido a respeito da maneira tradicional de entender a primeira e justamente famosa viagem de Cristóvão Colombo requeria, no entanto, uma meditação prévia a respeito do valor e do sentido da verdade que a ciência histórica constrói. Atendendo a tal exigência, publiquei em 1947 um livro onde examinei, do ponto de vista da minha preocupação, tão decisivo

---

1. Acosta, Joseph de, *Historia natural y moral de las Indias*. Estudio preliminar de Edmundo O'Gorman, Fondo de Cultural Económica, México, 1940.
2. Edmundo O'Gorman, Fundamentos de la historia de América. Imprenta Universitaria, México, 1942. Veja-se especialmente a Segunda Parte, "Trayectoria de América".

problema.[3] Nesta obra, não obstante as afirmações que hoje considero devam ser revistas,[4] esclareci, a mim, pelo menos, a necessidade de considerar a história numa perspectiva ontológica, como um processo produtor de entidades históricas e não, como é habitual, um processo que supõe, como algo prévio, a existência das referidas entidades. Estas reflexões ajudaram-me a compreender que o conceito fundamental desta maneira de entender a história era o de "invenção" porque o de "criação" que supõe produzir algo *ex nihilo*, apenas tem sentido no âmbito da fé religiosa. Foi assim que cheguei a suspeitar que a chave para resolver o problema do aparecimento histórico da América estava em considerar esse acontecimento como o resultado de uma invenção do pensamento ocidental e não como o de um descobrimento meramente físico, realizado, além do mais, por casualidade. Mas para que essa suspeita se convertesse em convicção, era necessário submeter a um exame crítico os fundamentos da maneira habitual de entender o acontecimento, de forma que empreendi uma pesquisa com o objetivo de reconstruir a história, não do "descobrimento da América" mas da *ideia de que a América havia sido descoberta*. Os resultados deste trabalho, publicados em 1951,[5] permitiram-me mostrar que, levada às suas consequências lógicas, essa ideia reduzia-se ao absurdo ou, o que dá no mesmo, que era uma maneira inadequada de compreender a realidade histórica a que se referia. Removido assim o obstáculo que significava a existência de uma interpretação que vinha sendo aceita como verdadeira, o caminho estava aberto para tentar uma explicação mais satisfatória dos acontecimentos, da mesma maneira

---

3. Edmundo O'Gorman, *Crisis y porvenir de la ciencia histórica*. Imprenta Universitaria, México, 1947.
4. Em artigo intitulado "Historia y Vida" expus minhas ideias mais recentes a respeito dos mesmos problemas. Veja-se *Diánoia Anuario de Filosofia*, II, 2. México, 1956.
5. Edmundo O'Gorman, *La idea del descubrimiento de América. Historia de esa interpretación y crítica de sus fundamentos*. Ediciones del IV Centenario de la Universidad de México. Centro de Estudios Filosóficos. Imprenta Universitaria, México, 1951. Veja-se também minha polêmica com o professor Marcel Bataillon, publica da com o título de *Dos concepciones de la tarea histórica, con motivo de la idea del descubrimiento de América*. Imprenta Universitaria, México, 1955.

que ocorre a um homem de ciência, quando descobre que a hipótese vigente não explica a totalidade do fenômeno. Apoiado, pois, nas conclusões da pesquisa prévia, procedi à colocação do problema nos termos por ela autorizados e, em 1958, sob o título de *La Invención de América*, publiquei os resultados deste novo intento.[6] Finalmente, quando a Universidade de Indiana honrou-me com a designação para professor visitante sob os auspícios da *Patten Foundation*, tive a oportunidade de rever em conjunto as ideias contidas nos dois últimos livros que mencionei, levado pela necessidade de expô-las sumariamente no curso público que ministrei naquela Universidade, durante os meses de novembro e dezembro de 1958. Pude, assim, aperfeiçoar consideravelmente alguns pontos, corrigir determinados erros e sanar omissões, trabalho que aproveitei para a redação da presente obra.

A razão primordial de registrar estes antecedentes é para que o leitor fique informado de que o livro que tem nas mãos não é, e está longe de ser, uma mera reedição do anterior que tem o mesmo título. Com efeito, não só foram incorporados um resumo da história e crítica da ideia do descobrimento da América (Primeira Parte) e uma apresentação do horizonte cultural que serviu de fundo ao processo da invenção da América (Segunda Parte), como também se acrescentou uma especulação final (Quarta Parte) sobre a estrutura do ser americano e do seu desenvolvimento histórico, com o que se pretende oferecer uma explicação aprofundada da razão de ser da existência das duas Américas e do seu respectivo significado no amplo marco da história universal. Trata-se, na essência, do mesmo livro; mas em razão de estar tão sensivelmente ampliado, pode e deve ser considerado outro. Por essa razão e a fim de evitar o perigo de uma confusão, colocamos neste um subtítulo diferente.

Feitas estas explicações, considero pertinente repetir algo do exposto no prólogo da primeira edição por se tratar de considerações igualmente aplicáveis a esta. Disse então que este traba-

---

6. Edmundo O'Gorman, *La invención de América. El universalismo de la Cultura de Occidente*. Fondo de Cultura Económica, México, 1958.

lho pode ser entendido num sentido muito literal, como uma comunicação de natureza científica, mas que em nenhum momento se pretende nela evocar os problemas das primeiras causas e das últimas metas do fenômeno que nele se estuda. Quero dizer que, de maneira alguma, se trata de uma pesquisa orientada por uma ideia prévia sobre a finalidade transcendente ou imanente do devir histórico. Não se cogita aqui nem de um providencialismo religioso nem de uma teologia idealista porque, não em vão, a experiência nos tem ensinado que tais conhecimentos excedem os limites do entendimento humano. Isto não impede, porém, que aquele que assim o queira, possa ler por detrás de nossas descrições uma intenção divina ou propósitos cósmicos. Aqui se trata, em todo o caso, da noção do devir histórico como um processo que cumpre, a seu modo, as finalidades da vida, o que é dizer muito pouco, porque isso simplesmente o lança às profundezas que se perdem no mistério. Trata-se, portanto, de descrições, mesmo assim muito esquemáticas, como poderiam ser as de um biólogo que, ao microscópio, limita-se a comunicar suas observações sobre a maneira como se reproduz, digamos por exemplo, a célula de um tecido vivo. Se me permitem a imagem, gostaria que se visse neste livro algo como uma pesquisa da fisiologia da história, da história entendida não como um acontecimento que se "passa" com o homem e que, assim como sucedeu poderia não ter ocorrido, mera contingência e acidente que em nada o afeta, mas como algo que o vai constituindo em seu ser espiritual; a história, portanto, entendida como uma modalidade do que chamamos vida. É que este trabalho, não obstante suas falhas, é, definitivamente, uma análise do *modus operandi* e do *modus vivendi* da história: revela – dentro dos limites do campo de observação eleito – como do seio de uma determinada imagem do mundo, estreita, particularista e arcaica, surge um ente histórico imprevisto e imprevisível que, ao ir-se constituindo, age como desorganizador da velha estrutura, sendo, ao mesmo tempo, o catalizador que provoca uma nova e dinâmica concepção do mundo, mais ampla e generosa.

É claro que o leitor deve estar preparado para observar, sem surpresa, que os problemas que aqui se estudam ultrapassam por todos os lados os limites concretos do tema americano, para acabar oferecendo uma ideia da marcha e dos progressos da Cultura do Ocidente, que assim se revela como o único projeto vital da história realmente promissor, em virtude da dialética interna que o vivifica.

PRIMEIRA PARTE

HISTÓRIA E CRÍTICA DA IDEIA DO DESCOBRIMENTO DA AMÉRICA

> *Até que enfim alguém veio me descobrir!*
> Epígrafe do dia 12 de outubro de 1492
> num imaginário *Diário íntimo da América*.

I

Não será difícil convir que o problema fundamental da história americana consiste em explicar satisfatoriamente o aparecimento da América no seio da Cultura Ocidental, porque essa questão envolve, a maneira de se conceber o ser da América e o sentido que se há de atribuir à sua história. Pois bem, todos sabemos que a resposta tradicional consiste na afirmação de que a América resultou do seu descobrimento, ideia que tem sido aceita como algo por si só evidente e constitui, nos dias de hoje, um dos dogmas da historiografia universal. Mas é possível realmente afirmar-se que a América foi descoberta sem que se incorra em um absurdo? Esta é a dúvida com que queremos iniciar estas reflexões.

Comecemos por justificar nosso ceticismo, mostrando por que motivo é lícito suscitar uma dúvida, ao que parece tão extravagante. A tese é esta: que Colombo, ao chegar no dia 12 de outubro de 1492 a uma pequena ilha que acreditou pertencer a um arquipélago adjacente ao Japão, descobriu a América. Mas perguntamos se isso foi em verdade o que ele, Colombo, fez ou se isso é o que agora se diz que ele fez. É óbvio que se trata da segunda e não da primeira afirmação. Esta colocação é decisiva, porque revela, de imediato, que quando os historiadores afirmam que a América foi descoberta por Colombo, não descrevem um fato em si evidente, mas sim nos oferecem a maneira pela qual, segundo eles, deve-se entender um fato evidentemente muito diferente: é claro que chegar a uma ilha que se acredita próxima do Japão não é a mesma coisa que revelar a existência de um continente que, até então, ninguém suspeitava que existisse. Em suma, vê-se que não se trata daquilo que, por documentos, sabe-se que aconteceu, mas de uma ideia a respeito daquilo que se sabe que aconteceu. Dito de outro modo, quando se assegura que Colombo descobriu a América, não se trata de um fato, mas meramente da interpretação de um fato. Mas se isto é assim, será necessário admitir que nada impede, salvo a preguiça ou a rotina, que se ponha em dúvida a validade dessa maneira peculiar de entender o que fez Colombo naquela memorável data, embora seja apenas mais uma maneira, entre outras possíveis, de entender o ocorrido. É, lícito, pois, levantar a dúvida que temos suscitado.

Levantada a dúvida, é muito importante compreender convenientemente o seu alcance, porque há o risco de se incorrer num equívoco que conduziria a uma lamentável confusão. Entenda-se bem e de uma vez por todas: o problema que colocamos não consiste em pôr em dúvida se foi ou não Colombo quem descobriu a América, já que essa dúvida supõe admitir a ideia de que a América foi descoberta. Não, nosso problema é logicamente anterior e mais radical e profundo: consiste em pôr em dúvida se os acontecimentos que até agora têm sido vistos como o descobrimento da América devem ou não continuar entendendo-se como tal. Portanto, o que vamos examinar não é como, quando e quem descobriu a América, mas se a própria ideia de que a América foi descoberta é uma maneira adequada de entender os acontecimentos, isto é, se com essa ideia se consegue ou não explicar, sem objeção lógica, a totalidade do fenômeno histórico em questão. Nada, pois, tem de extravagante nossa atitude. É a atitude de um homem de ciência que, frente a uma hipótese, sujeita-a à revisão, seja para concordar com ela se não encontra uma explicação melhor, seja para repudiá-la e substituí-la por outra, em caso contrário. Tem sido sempre esta a marcha no progresso do conhecimento.

Estamos convencidos de que as considerações anteriores são suficientes para que se nos conceda o benefício da dúvida. Quem não pensa assim, deve suspender esta leitura e continuar encastelado em suas opiniões tradicionais. Quem, ao contrário, entender que estamos diante de um verdadeiro problema, já deu o passo decisivo: despertou, como dizia Kant, do seu sono dogmático.

Uma vez colocada em dúvida a validade da ideia que explica o aparecimento da América como o resultado do seu descobrimento, devemos pensar de que modo se pode prová-la. Em princípio, isto não oferece maior dificuldade. Com efeito, como toda interpretação é resposta a uma exigência prévia, que é de onde deriva a sua verdade, o problema se reduz a examinar se referida exigência conduz ou não a um absurdo, porque é evidente que, se for assim, deve-se recusar a interpretação para substituí-la por outra mais satisfatória. Mas então, como comprovar se isso acontece em nosso caso? Eis aqui a questão.

Pois bem, como a ideia de que Colombo descobriu a América, quando aportou a uma ilha que acreditava próxima ao Japão, não descreve o acontecimento histórico segundo aparece nos testemunhos, é óbvio que a exigência que deu origem àquela interpretação não procede do fundamento empírico do fato interpretado, isto é, é óbvio que não se trata de uma interpretação apoiada nos fatos (*a posteriori*), mas de uma interpretação fundada numa ideia prévia a respeito dos fatos (*a priori*). Se é assim, o que é que devemos examinar para averiguar em que consiste essa ideia prévia, para poder comprovar se conduz ou não a um absurdo? A resposta não permite dúvida: já que é inútil examinar o fato interpretado, porque a ideia não depende dele, é claro que devemos examinar o fato próprio da interpretação, que é um fato tão histórico como o outro. Numa palavra, para saber a que se deve a ideia de que Colombo descobriu a América, apesar de saber que ele executou um ato muito diferente, é necessário averiguar quando, como e por que se pensou assim uma primeira vez e por que se continua a aceitar. Vale dizer, será necessário reconstruir a história, *não a do descobrimento da América, mas a da ideia de que a América foi descoberta*, o que não é o mesmo. Isso é o que vamos fazer.[1]

II

Já que nossa tarefa consiste em contar a história da ideia do descobrimento da América, nossa primeira preocupação deve ser a averiguação da origem dessa ideia Sabemos que Colombo não é responsável por ela. Quando, então, concebeu-se pela primeira vez a viagem de 1492 como uma empresa de descobrimento?

Uma pesquisa documental realizada em outra obra[2] demonstrou que a ideia foi gerada num relato popular, que os eruditos chamam de "lenda do piloto anônimo". Vamos recordá-la brevemente, de acordo com as informações do padre Bartolomeu de las Casas, testemunho mais direto que temos desse assunto. Diz que os primitivos colonos da ilha Espanhola (Haiti começou a ser povoado por espanhóis em 1494), entre os quais havia alguns que acompanharam Colombo na sua primeira viagem, estavam convencidos de que o motivo que levou o almirante a fazer a travessia foi o desejo de mostrar a existência de umas terras desconhecidas, das quais tinha notícia por informações que lhe dera um piloto, cuja embarcação havia sido lançada às praias por uma tempestade.[3]

Considerando a distante data e o conteúdo do relato, é forçoso concluir que nele se concebe, pela primeira vez, a viagem de 1492

---

1. Este tema foi amplamente desenvolvido por mim no meu livro *La idea del descubrimiento de América*. No presente trabalho aproveito as pesquisas então realizadas e a elas remeto o leitor que se interessa por detalhes polêmicos e documentais. Devo advertir, no entanto, que modifiquei algumas ideias; assim, a atual exposição representa melhor o que agora penso sobre o tema.
2. O'Gorman, *La idea del descubrimiento*, Primera Parte, I, 2.
3. Las Casas, *Historia de las Indias* I, XIV. Também Oviedo, *Historia*, Primera Parte, II, ii, e Gómara, *Historia General*, XIII.

como uma empresa de descobrimento, pois em lugar de admitir o verdadeiro objetivo que incentivou Colombo – chegar ao extremo oriental da Ásia –, afirma-se que sua finalidade era revelar terras desconhecidas.

Esta maneira de entender a "lenda" foi objetada por dois motivos. Alega-se que é indevido atribuir-lhe o sentido de uma interpretação da viagem colombina, primeiro, porque o acontecimento que se relata é falso e, segundo, porque a "lenda" não teve esse objetivo, mas foi forjada como uma arma polêmica para ser empregada contra os interesses e o prestígio de Colombo.[4] Pois bem, admitindo a verdade destas duas circunstâncias, não é difícil constatar que nenhuma constitui uma objeção à nossa tese. Com efeito, a respeito da primeira, é óbvio que a inverdade explícita do relato não impede que contenha uma interpretação do acontecimento a que se refere. Se levássemos em conta esse argumento, a maioria dos historiadores modernos afirmaria por exemplo, que *A Cidade de Deus* de Santo Agostinho não contém uma interpretação da história universal, pois é falso que exista uma providência divina que regule e governe os destinos humanos. A segunda objeção é igualmente ineficaz, pois, a ser correto que a "lenda" teve por objetivo criar uma arma polêmica contra os interesses e o prestígio de Colombo, ela poderia servir para tal fim somente se desse significado a uma interpretação da viagem. É como se, para continuar com o mesmo exemplo, se alegasse não ser possível aceitar *A Cidade de Deus* como uma interpretação da história universal, porque o objetivo de Santo Agostinho ao escrevê-la era, como de fato foi, oferecer ao Cristianismo uma arma polêmica contra os pagãos. Deixemos de lado, pois, essas supostas objeções e passemos a considerar a verdadeira dificuldade que apresenta o fato mesmo da existência da "lenda" e do amplo crédito que, como é sabido, se lhe deu de imediato.[5]

---

4. Veja-se Marcel Bataillon e Edmundo O'Gorman, *Dos concepciones de la tarea histórica con motivo de la idea del descubrimiento de América*, Imprenta Universitaria, México, 1955.
5. Para um inventário, veja-se Jean Henry Vignaud, *Histoire Critique de la Grande*

Não é fácil entender, num primeiro momento, como pôde surgir a "lenda" e porque foi aceita, a despeito e apesar da crença de que Colombo chegara à Ásia, versão que se divulgou como coisa pública e notória ao retorno da sua primeira viagem. A solução para este pequeno enigma tem preocupado a muitos escritores modernos, sem que, para dizer a verdade, o tenham resolvido satisfatoriamente, pois ou se limitam a mostrar sua indignação contra o anônimo "invejoso" que criou calúnia tão desairosa,[6] ou então negam o problema em lugar de resolvê-lo, alegando, contra toda a evidência, que a crença de Colombo era um segredo do qual não estavam inteirados os historiadores.[7] Parece-me que a solução se encontra no geral ceticismo com que foi recebida a crença de Colombo,[8] pois só assim se compreende que, fora dos círculos oficiais bem inteirados, se duvidara da sinceridade desse "italiano burlador" como diziam alguns,[9] e que, portanto, se tenha buscado uma explicação para a sua viagem, apoiada em alguma circunstância mais ou menos plausível. É possível imaginar muitos possíveis pretextos, inclusive alguns eruditos acreditaram poder ressaltar o que consideram o "núcleo histórico" da "lenda",[10] e até se poderia

---

Entreprise de Christophe Colomb, Paris, 1917. Com o objetivo de mostrar que a crença na lenda do piloto anônimo não foi tão generalizada, foram invocados os testemunhos de Oviedo e de Las Casas, mas a verdade é que estes autores não negam a possível veracidade dessa "lenda" embora tenham se inclinado a considerá-la duvidosa. Oviedo, *Historia*, Primera Parte, I, ii e iv e Las Casas, Historia, I, XIV.

6. Entre os mais destacados historiadores que adotam esta atitude, encontram-se Gaffarel, Gallois, Humboldt, Haebler, Morison, Roselly de Lorgues, Ruge e Tarducci.
7. Enrique de Gandía, "Descubrimiento de América" em *Historia de América*, publicada sob a direção de Ricardo Levene, Buenos Aires, 1940, v. III, p. 8.
8. Veja-se mais adiante. Terceira Parte, V.
9. Gómara, *Historia General*, XV.
10. Enrique de Gandía, "Descubrimiento de América", *op.cit.*, na nota 7 e Luis de Ulloa, *El pre-descubrimiento hispano-catalán de América em 1477*, Paris, 1928. Gandía, aproveitando trabalhos de Jaime Cortesão, "El marino Pedra Vázquez de la Frontera y el descubrimiento de América" no *Boletín del Instituto de Investigaciones Históricas*, Buenos Aires, 1933, que identifica Vázquez de la Frontera com Pedro Velasco citado por Fernando Colombo, *Vida del Almirante*, IX e por Las Casas, *Historia*, I, xiii, e sugere que se trata do personagem cujas viagens inspiraram a lenda do piloto anônimo. Veja-se Gandía, *Historia de Cristóbal Colón análisis crítico de las fuentes documentales y de los problemas colombinos*, Buenos Aires, 1942.

pensar que alguma frase do próprio Colombo tenha dado sentido ao relato ou, pelo menos, que o tenha sugerido.[11]

Estas especulações têm, no entanto, um interesse muito secundário para os nossos objetivos, pois o importante é que, ao surgir a "lenda" como explicação histórica da viagem, iniciou-se o processo do desconhecimento da finalidade que realmente a incentivou e esta circunstância, que chamaremos "a ocultação do objetivo asiático da empresa" é, nem mais nem menos, a condição que tornou possível a ideia de que Colombo descobriu a América, segundo haveremos de comprovar mais adiante.

Mas, se é certo que na "lenda" está o germe dessa interpretação, não devemos superestimar seu alcance. É óbvio que não se trata ainda do descobrimento da América, pois a "lenda" apenas se refere a umas terras indeterminadas no seu ser específico, e não é menos óbvio que, de acordo com ela, o verdadeiro descobridor seria o piloto anônimo, por haver sido o primeiro que realizou o achado. Destas conclusões, infere-se que o próximo passo consistirá em verificar de que maneira a viagem de 1492, já interpretada como uma empresa descobridora de terras ignoradas, será referida especificamente à América e como se pode atribuir o descobrimento a Colombo, em lugar de atribuí-lo ao seu rival, o piloto anônimo.

III

O texto mais antigo em que Colombo aparece como descobridor da América é o *Sumario de la natural historia de las Indias*, de Gonzalo Fernández de Oviedo, livro publicado uns trinta anos após a época em que deve ter surgido a "lenda do piloto anônimo".[12] Este pequeno livro é apenas uma espécie de

---
11. Algo assim parece indicar uma frase de Oviedo, *Historia*, Primeira Parte, II, vi. Diz: "*Y de ver salido tan verdadero el Almirante, en ver la tierra en el tiempo que había dicho, se tuvo más sospecha que él estaba certificado del piloto que se dijo que murió en su casa, según se tocó de suso.*"
12. Gonzalo Fernández de Oviedo y Valdés. *Sumario de la Natural historia de las Indias*, publicado pela primeira vez em Toledo, em 15 de fevereiro de 1526.

súmula prévia da *Historia General* que já escrevia então o autor e nele limita-se a registrar as informações acerca da natureza da América que, a seu ver, podiam interessar mais intensamente ao imperador Dom Carlos, a quem foi dedicado. Não surpreende que no *Sumario* só se encontre uma alusão ao nosso tema, mas uma alusão muito significativa.

Remetendo o leitor à *Historia General*, onde, conforme diz, tratará exaustivamente do assunto, Oviedo afirma que, "como é notório" Colombo descobriu as Índias (isto é, a América) em sua viagem de 1492.[13] Isso é tudo, mas não é pouco se considerarmos que aqui teremos afirmada, pela primeira vez de modo inequívoco, a ideia cuja história estamos reconstruindo.

Se não estivéssemos nas considerações preliminares, a opinião de Oviedo seria muito desconcertante, porque, sem ter conhecimento da interpretação prévia contida na lenda do piloto anônimo e da ocultação que nela se faz dos motivos que animaram Colombo e de sua crença de ter chegado na Ásia, seria muito difícil explicá-la. Com efeito, está claro que se a Oviedo parecia "notório" que o feito de Colombo foi descobrir terras desconhecidas, isto é, se lhe parecia que esta maneira de entender a viagem de 1492 era algo que não requeria prova nem justificação, teria de ser assim, pois era assim que se vinha entendendo há tempos. Tratava-se, pois, de uma opinião recebida que ele simplesmente recolheu e repetiu.

Mas se isto parece indiscutível, não se vê tão facilmente por que Oviedo não se refere apenas ao descobrimento de regiões indeterminadas como acontece na lenda, mas especificamente às Índias, ou seja, à América. A razão de tão decisiva mudança é que, durante os trinta anos que haviam transcorrido desde o aparecimento da "lenda" havia se desenvolvido um processo ideológico

---

13. Eis aqui a frase: "*Que, como es notorio, don Cristóbal Colón, primero almirante de estas Índias, las descubrió en tiempo de 105 católicos reyes don Fernando y dona Isabel, abuelos de vuestra majestad, en el ano de 1491 y vino a Barcelona em 1492...*" O erro nos anos, que devem ser, respectivamente, 1492 e 1493, deve-se, com toda a probabilidade, a uma falha de memória.

que culminou, como veremos na Segunda Parte deste trabalho, com a convicção de que as terras visitadas pelo almirante em 1492 faziam parte de uma massa continental separada da Ásia e concebida, portanto, como uma entidade geográfica distinta, chamada de América por uns e de Índias pelos espanhóis.[14]

Assim, Oviedo, ao dar como verdade indiscutível a interpretação da viagem de 1492 como empresa descobridora, também considerou, que tal descobrimento foi das Índias (América), uma vez que somente por essa identidade se conheciam as regiões encontradas por Colombo.

Esta nova maneira de entender a façanha colombiana que consiste, conforme acabamos de explicar, em interpretar um ato de acordo com os resultados de um processo de data muito posterior à do ato interpretado, suscitou um grave problema que convém destacar, porque será o eixo em torno do qual vai girar toda esta extraordinária história. Com efeito, diferentemente da "lenda" afirma-se agora que o descobrimento foi, não de regiões indeterminadas em sua identidade, mas sim de um continente imprevisível. Para poder afirmar que Colombo revelou a existência do referido continente, será indispensável mostrar que teve consciência desse ser, cuja existência dizem que revelou, pois, do contrário, não se poderia atribuir a Colombo o descobrimento. A fim de que isto fique inteiramente claro, vamos citar um exemplo. Suponhamos que o zelador de um arquivo encontre um velho papiro num depósito. No dia seguinte, dá a notícia a um professor universitário de letras clássicas e este reconhece que se trata de um texto perdido de Aristóteles. A pergunta é esta: quem é o descobridor desse documento, o zelador que o encontrou ou o professor que o identificou? É evidente que se considera-se como mero objeto físico, como um papiro qualquer, foi o zelador quem o descobriu. Esse é o caso da interpretação contida na lenda do piloto anônimo. Mas é igualmente evidente que se considera-se o documento como

---

14. Sabemos com certeza que era assim que Oviedo concebia essas terras. Veja-se *Historia*, Primeira Parte, XVI, Proêmio.

um texto de Aristóteles, seu descobridor foi o professor, pois foi ele quem teve consciência do que era. Assim, se alguém, informado a respeito do acontecimento, quisesse assegurar que o verdadeiro descobridor do texto havia sido o zelador do arquivo e que a ele cabia a fama científica do encontro, ninguém estaria de acordo a não ser que mostrasse que teve consciência do que havia encontrado naquele depósito. É esse, precisamente, o caso em que se coloca Oviedo e todos aqueles que, depois dele, vão sustentar que Colombo foi o descobridor da América. Já se irá vislumbrando a dificuldade iminente, quando não for mais possível continuar desconhecendo o que em realidade pensou Colombo do seu achado. Esta crise, sem dúvida, não se apresentará de imediato, porque, conforme dissemos, a consequência fundamental da "lenda" foi, precisamente, ocultar aquela opinião.

Colocada dessa forma a questão, vamos examinar em seguida as tentativas que se fizeram para superá-la. Trata-se de três teorias sucessivas que integram um processo lógico e que, como se verá oportunamente, acabará fatalmente por levar ao absurdo a ideia do descobrimento da América.

IV

Uma vez lançada a ideia de que o que havia sido descoberto era a América, isto é, um continente até então não só imprevisto como imprevisível, o único problema que restava era a quem atribuir a fama de tão extraordinário feito, ao piloto anônimo ou a Cristóvão Colombo, ou para falar em termos de nosso exemplo, ao zelador que encontrou o papiro ou a pesquisador que o identificou como um texto de Aristóteles. Para resolver este conflito, houve duas tentativas iniciais, ambas insuficientes pelo que se verá em seguida, e uma terceira que soube encontrar a solução ao dilema. O conjunto desses esforços constitui a primeira grande etapa do processo. Vamos examiná-la em seus passos fundamentais.

1. Primeira tentativa: Oviedo.
   Historia general y natural de las Indias.[15] Eis a tese:

   a) A explicação tradicional de como ocorreu o descobrimento da América é insatisfatória, porque o relato do piloto anônimo é duvidoso. Mas supondo que seja certa a intervenção deste personagem, é a Colombo que corresponde a glória do descobrimento das Índias.

   b) A razão é que, independentemente de ter recebido ou não a informação do piloto anônimo, Colombo soube o que eram as terras cuja existência revelou, isto é, teve consciência do ser dessas terras.

   c) Mas como? Colombo, disse Oviedo, sabia o que ia encontrar desde que propôs a viagem. Com efeito, como as Índias, explica, não são senão as Hespérides de que tanta menção fazem os escritores antigos, Colombo inteirou-se de sua existência e de seu ser, através da leitura dessas obras. Assim, sabedor de que tais terras existiam e do que eram e talvez fortalecido, além disso, pelo relato do piloto anônimo, saiu à procura delas e as descobriu.[16]

2. Segunda tentativa: Gómara.
   Historia general de las Indias.[17] Eis a tese:

   a) A explicação tradicional é satisfatória, porque o relato do piloto anônimo é verdadeiro.

   b) O fabuloso é pensar que Colombo haja constatado a existência das terras que encontrou em leituras de livros clássicos. O que se pode crer é que tenha confrontado o relato do piloto anônimo com as opiniões de homens dou tos acerca do que diziam os antigos sobre "outras terras e mundos".

   c) Colombo, portanto, é apenas o segundo descobridor. O primeiro e verdadeiro foi o piloto anônimo, porque a ele se deve

---

15. Oviedo, *Historia general y natural de las Indias, Islas y Tierra-Firme del Mar Océano*. A Primeira Parte foi publicada em Sevilha, 1535.
16. Oviedo, *Historia*, Primeira Parte, II, i-iv.
17. Francisco López de Gómara, *Historia general de las Indias*. Zaragoza, 1552-53.

o conhecimento das Índias, que até então haviam permanecido totalmente ignoradas.[18]

Se considerarmos estas duas teses, constata-se que nenhuma consegue resolver satisfatoriamente o problema. A de Oviedo, é certo, reconhece o que deve ser atribuído ao descobridor, porque Colombo aparece como tendo *consciência do ser específico das terras* cujo descobrimento se lhe atribui. Mas o descobrimento, por outro lado, deixa de o ser porque ao identificar-se a América com as Hespérides, já não se trata de algo cuja existência fosse desconhecida, mas meramente de algo esquecido ou perdido.[19]

A tese de Gómara, por sua vez, padece de defeito contrário: sustenta a ideia de que se trata de terras, cuja existência se desconhecia, mas não se verifica, em troca, o requisito por parte do descobridor da consciência do que eram.

Em ambas as teses, ainda que por motivos opostos, o ato que se atribui não corresponde ao ato que se diz tenha sido realizado.

Estas reflexões mostram que a solução teria que combinar os respectivos acertos das teses precedentes, evitando suas falhas. Teria que ser mantida a ideia de que se ignorava a existência das terras objeto do descobrimento, como o fez Gómara, e mostrar que o descobridor teve consciência prévia de que existiam, conforme quer Oviedo. Quem conseguiu conciliar extremos, ao que parece, tão incompatíveis, foi o bibliófilo e humanista Dom Fernando Colombo, na célebre biografia que escreveu de seu famoso pai. Vejamos como e a que preço conseguiu fazê-lo.

3. Terceira tentativa: Fernando Colombo.
   Vida del almirante.[20] Eis a tese:

   a) Ninguém, antes de Colombo, soube da existência das terras que ele encontrou em 1492. É falso, portanto, que alguém lhe tenha

---

18. Gómara, *Historia general*, XIII e XIV.
19. Assim diz expressamente Oviedo, *Historia*, Primeira Parte, II, iii.
20. Fernando Colombo, *Vida del Almirante don Cristóbal Colón escrita por su hijo Don Hernando*. A obra somente nos chegou na tradução para o italiano de Alfonso de Ulloa. Veneza, 1571.

dado notícias delas e falso que tenha lido sobre elas em livros antigos.

b) O que ocorreu é que Colombo teve a ideia de que a ocidente da Europa teria que existir um continente até então ignorado.

c) Mas se era ignorado, como então teve Colombo ideia de que existia? Ele a teve, segundo Dom Fernando, por uma genial inferência decorrente de seus amplos conhecimentos científicos, de sua erudição e de suas observações. Isto é, teve essa extraordinária ideia como hipótese científica.[21]

d) A empresa de 1492 não foi a confirmação de uma notícia que Colombo tivesse tido; foi a comprovação empírica de sua hipótese, devida unicamente a seu talento. Com a viagem empreendida em 1492, Colombo mostrou, portanto, a existência de um continente ignorado, não de regiões conhecidas embora esquecidas, conforme quer Oviedo; ao mostrar sua existência, revelou o que era, porque já o sabia. Colombo é, portanto, o descobridor indiscutível da América.

e) Esse continente é conhecido então pelo nome de "Índias", mas isso não significa, como pretendem alguns, que Colombo tenha acreditado ter chegado à Ásia. A explicação é que, sabendo muito bem que se tratava de um continente diferente, ele mesmo colocou aquele nome, não só por sua relativa proximidade da Índia asiática, mas porque dessa maneira conseguiu despertar a cobiça dos reis para levá-los a patrocinar a empresa.[22]

f) Deste modo, Dom Fernando não só aproveita a ocultação que existia a respeito das verdadeiras opiniões de seu pai, mas também provoca-a deliberadamente ao dar uma falsa explicação do indício que revelava a verdade daquelas opiniões, pois é indiscutível que ele as conhecia. Com efeito, é lógico supor esse conhecimento por muitos e óbvios motivos e, entre outros, e não o menor, porque Dom Fernando acompanhou Colombo em sua quarta viagem, du-

---

21. Este é o sentido das três causas que Dom Fernando alega para mostrar os motivos que, segundo ele, teve Colombo para convencer-se da existência das terras que saiu a descobrir. Fernando Colombo, *Vida*, VI-IX.
22. *Ibid*. VI.

rante a qual, depois de certa vacilação na terceira, o almirante ficou absoluta e inteiramente convencido de que todos os litorais que havia explorado eram da Ásia. Esta é a tão mal compreendida e dúbia tese de Dom Fernando Colombo.[23]

Muito bem, verifica-se que esta tese, na qual a ocultação das ideias de Colombo não se deve mais a um mero ceticismo, mas sim a um calculado desejo de escondê-las, consegue conciliar os dois requisitos do problema. É de se concluir, portanto, que nela se encontrou a solução adequada, mas, está claro, somente desde que se possa manter oculta a opinião de Colombo sobre seu achado. Desde então por outro lado, a rivalidade entre o piloto anônimo e Colombo ficou definida a favor deste, porque se é certo que a tese de Gómara continuou tendo muitos adeptos importantes,[24] é igualmente correto que semelhante atitude não representa um novo passo, mas sim um leve abalo na inércia tradicionalista. Por esse motivo não cabe aqui ocuparmo-nos dela. Vamos examinar, por outro lado, por que a solução tão equivocadamente proposta por Dom Fernando entrou em crise, levando, desse modo, o processo à segunda etapa de seu desenvolvimento. Essa mudança é devida ao padre Las Casas, cuja intervenção será estudada em seguida.

V

Bartolomeu de Las Casas. *Historia de las Indias*.[25]

a) A premissa fundamental é a concepção providencialista da história: Deus é a causa mediata e eficiente e o homem, a causa

---

23. Para uma discussão mais ampla sobre esta maneira de entender a obra de Fernando Colombo, veja-se meu livro *La idea del descubrimiento*, Segunda Parte, IV, 2, e Bataillon e O'Gorman, *Dos concepciones sobre la tarea histórica*, op.cit.
24. Sobre este particular, meu livro *La idea del descubrimiento*, p. 69, nota 15.
25. Bartolomeu de las Casas, *Historia de las Indias*, 1527-60. Publicada pela primeira vez em Madri, 1875-76.

imediata e instrumental. Assim, o descobrimento da América é o cumprimento de um desígnio divino, realizado por um homem escolhido para esse fim.[26]

b) Esse homem foi Cristóvão Colombo, a quem Deus dotou de todas as qualidades necessárias para realizar a façanha. Desta maneira, agindo com liberdade dentro da esfera do mundo natural, Colombo conseguiu intuir, por hipótese científica, não por revelação divina, a existência do continente das Índias, isto é, a América. Até aqui, Las Casas acompanha de perto a argumentação empregada por Dom Fernando.[27]

c) Formalmente as duas teses são quase iguais, mas diferem no fundo porque, para Las Casas, o significado do descobrimento gravita exclusivamente em torno de sua finalidade religiosa. O essencial não se fundamenta, pois, na afirmação de que se conheceu uma parte ignorada da Terra, mas na circunstância de que se trata de terras habitadas por homens ainda não iluminados pela luz evangélica.

d) Esta diferença ideológica a respeito do significado da empresa a que Las Casas denominou "façanha divina", explica porque este, sempre acostumado a acumular razões, não se limitou a reproduzir a argumentação de Dom Fernando, tão cuidadosamente formulada para não denunciar o verdadeiro propósito que animara Colombo. Com efeito, Las Casas acrescentou tantos motivos quantos lhe ocorreram para explicar como Colombo pôde saber que existiam as Índias e assim, sem se preocupar com as inevitáveis incongruências, o vemos juntar, numa heterogênea e indigesta mescla, o mito da Atlântida, os chamados versos proféticos de Sêneca, a "lenda" do piloto anônimo e até a teoria das Hespérides de Oviedo, tão duramente censuradas por Dom Fernando.[28]

e) Mas o decisivo nessa maneira de proceder foi que Las Casas, possuidor dos documentos do almirante, não tratou de ocultar

---
26. *Ibid.* I, ii.
27. *Ibid.* I, ii e v.
28. *Ibid.* I, vi-xvi. Também Fernando Colombo, *Vida*, X.

o objetivo asiático que, na realidade, motivou sua viagem nem a convicção de tê-lo alcançado.[29]

f) A razão é que, dada a perspectiva transcendentalista adotada por Las Casas, os objetivos pessoais de Colombo carecem de importância verdadeira, porque, quaisquer que tenham sido confirmar uma informação, encontrar regiões esquecidas, confirmar uma hipótese ou chegar à Ásia – o significado da empresa não depende disso. Para Las Casas, Colombo teve que cumprir fatalmente as intenções divinas, independentemente das suas pessoais, de maneira que determinar o que Colombo queria fazer e o que acreditou ter feito é inteiramente secundário. O que interessa deixar claro é que Deus lhe inspirou o desejo de fazer a viagem e para esse fim qualquer explicação é boa.

g) A mesma indiferença existe no que diz respeito ao problema do ser específico das terras encontradas, a ponto de se tornar difícil, senão impossível, precisar o que a esse respeito diz Las Casas.[30] A razão é sempre a mesma: tal circunstância carece de verdadeiro significado. Que importa se trata-se das Hespérides, de um fragmento da Ilha Atlântida, do Novo Mundo ou de regiões asiáticas? O que importa o que Colombo ou qualquer outro pense a esse respeito? Deus não pode ter interesse nos progressos da ciência geográfica. O importante é que Colombo abriu o acesso a regiões da Terra, repletas de povos aos quais é urgente pregar a palavra revelada e conceder-lhes a oportunidade do benefício dos sacramentos antes que ocorra o fim do mundo, que Las Casas considera iminente.[31]

h) Portanto, se há-se de dizer realmente quem foi o descobridor da América, deve ser dito que foi Cristóvão Colombo, mas não em virtude dos objetivos e convicções pessoais que animaram sua empresa, mas como instrumento eleito pela Providência para realizar a transcendental façanha. Se há necessidade de se precisar

---
29. Meu livro, *La idea del descubrimiento*, p. 145-6.
30. *Ibid*. p. 146. Também Las Casas, *Apologética historia*, XXII.
31. Las Casas, *Historia*, I, i. "... cuanto los tiempos y edad del mundo más propíncua es a su fin, ..."

o que foi que descobriu, deve-se dizer que não foram tais ou quais regiões geograficamente determinadas, mas sim o oculto caminho por onde chegaria Cristo àqueles numerosos e esquecidos povos, para colher entre eles o místico fruto da salvação eterna.[32]

Esta é a tese de Bartolomeu de Las Casas e é esta a maneira de entender as muitas incoerências que, por sua vez, podem ocorrer na atenta leitura de sua obra. Mas então, qual é o sentido da intervenção de Las Casas do ponto de vista de nosso problema? Tratemos de explicitá-lo.

Tal tese remete o significado da empresa ao plano transcendental da esfera religiosa, desvincula-a de suas premissas histórico-temporais e, portanto, em si mesma não representa nenhum avanço no desenvolvimento do processo que estamos reconstruindo. Mas isto não quer dizer que careça de importância. Pelo contrário, como na Historia de Las Casas admite-se e prova-se qual foi o propósito que teve Colombo ao empreender sua viagem de 1492 e se confessa sua crença em tê-lo realizado, depois disso já não será possível continuar ocultando plena e cabalmente esse propósito e essa crença. Com a intervenção de Las Casas, consequentemente, entra em crise a primeira grande etapa do processo e se inicia, assim, a possibilidade de um novo e fundamental desenvolvimento e nisto baseia-se para nós seu significado decisivo.

VI

É de se pensar que, a partir do momento em que se tornou patente com testemunho irrefutável a verdade do objetivo asiático da viagem de 1492, era preciso abandonar a ideia de nela ver uma empresa descobridora de terras totalmente ignoradas, para com-

---

32. Veja-se meu livro *La idea del descubrimiento*, p. 152-3. A este respeito expressamente afirma Las Casas que a façanha de Colombo consistiu em ter sido ele *"el primero que abrió las puertas de este mar océano, por onde entró y él metió a estas tierras tan remotas y reinos, hasta entonces tan incógnitos, a Nuestro Salvador Jesucristo"*. Historia, I, ii.

preendê-la como ocorreu: uma tentativa de ligar a Europa e a Ásia pela rota do Ocidente. Era tal, com efeito, a consequência a que se deveria chegar se não tivesse existido o impedimento lógico da premissa que, conforme sabemos, condiciona todo esse processo, a saber: que a interpretação daquela viagem como um ato descobridor de terras desconhecidas havia ficado como coisa evidente. Em razão disso permaneceu, pois, a mesma situação lógica, continuando, portanto, o problema de como atribuir a Colombo o descobrimento da América; agora, apesar e a despeito de se saber que seus propósitos foram outros, vamos dedicar este item ao estudo dos esforços que se fizeram para resolvê-lo, que não serão senão tentativas de conciliar a tese de Dom Fernando com os dados proporcionados por Las Casas. Com efeito, não poderia ser outra a orientação geral deste novo relato.

1. Herrera. *Las décadas*.[33]

a) Em termos gerais, Herrera se atém à argumentação de Dom Fernando. Para ele, Colombo tivera consciência de que existiam as Índias (América), graças a uma hipótese científica, e a viagem de 1492 não foi senão a maneira de comprová-la.

b) Mas, diferentemente de Dom Fernando e diante da necessidade de ter em conta os dados revelados por Las Casas, Herrera afirma que, sem explicar como nem por quê, Colombo se convenceu de que havia chegado à Ásia, isto é, que na primeira viagem, Colombo não comprovou sua hipótese.

c) O engano no qual incorreu o almirante persistiu ao longo da segunda e da terceira explorações; mas na quarta e última, Colombo certificou-se de seu erro ao ter notícia certa da existência do Mar do Sul, isto é, do Oceano Pacífico.

---

33. Antonio de Herrera y Tordesillas, *Historia general de los hechos de los castellanos en las islas y Tierra Firme del Mar Oceáno*. A Primeira Parte, que contém as quatro primeiras Décadas, foi publicada em Madri, 1601; a Segunda Parte, que contém as quadro Décadas finais, também foi publicada em Madri, 1615.

d) Foi assim, portanto, que Colombo finalmente pôde comprovar sua hipótese inicial, de maneira que Herrera pôde atribuir a ele o descobrimento da América, já que não só mostrou onde se encontrava esse desconhecido continente, como também teve consciência do que revelava.[34]

Pondera-se, sem dificuldade, que esta tese não consegue atender devidamente aos acontecimentos denunciados pelo padre Las Casas, uma vez que só acrescenta na interpretação a circunstância de que Colombo acreditou ter chegado à Ásia, mas não que fosse este, desde início, seu objetivo. A esse respeito, Herrera altera deliberadamente que afirma Las Casas.[35] Com isto fica demonstrado que, para atribuir a Colombo o descobrimento, era preciso sustentar que ele havia tido consciência do ser específico das terras encontradas. A tese, pois, é uma primeira tentativa de superar a crise; mas, com toda a evidência, a tática não podia se sustentar indefinidamente. Teria que chegar o momento em que se admitiria o objetivo asiático da empresa, porque só assim, por outro lado, se compreenderia por que Colombo se convenceu de que as regiões encontradas eram asiáticas, circunstância que naturalmente Herrera não pôde explicar. Esse momento se apresentou anos mais tarde, conforme documentam dois autores, cujos textos vamos considerar em seguida.

2. Beaumont. *Aparato*.[36]

a) A empresa fora motivada por dois possíveis objetivos: descobrir um continente desconhecido, cuja existência Colombo havia inferido por hipótese científica, e chegar à Ásia, caso não achasse o referido continente.

---

34. Para uma exposição detalhada da tese de Herrera, veja-se meu livro *La idea del descubrimiento*, Terceira Parte, VI, 2.
35. Para um cotejo entre os dois textos, *Ibid*. p. 176-7.
36. Fr. Pablo de la Concepción Beaumont, *Aparato para la inteligencia de la crónica seráfica de la Santa Província de San Pedro y San Pablo de Michoacán de esta Nueva España*. Último terço do século XVIII. Trata-se de uma longa introdução à *Crónica de Michoacán* do mesmo autor. A primeira edição, mais incompleta, é de 1826; a edição completa, com a *Crónica*, Archivo General de la Nación, México, 1932. É a edição que utilizamos.

b) Durante a primeira e a segunda viagens, Colombo crê que está na Ásia; mas na terceira exploração constata que havia chegado a praias do continente desconhecido, que quis encontrar desde o início.

c) Foi assim que Colombo descobriu a América, pois, em que pese seu equívoco anterior, acabou por comprovar a hipótese inicial.[37]

Esta maneira de entender a empresa e de atribuir o descobrimento a Colombo é muito semelhante à de Herrera; trata-se ainda de um compromisso fundado na solução de Dom Fernando. De fato, o modo de nela introduzir, sem alterar sua essência, o equívoco de Colombo, é o mesmo que adotou Herrera, mas agora sem inconsequência, porque o objetivo asiático já aparece formulado como finalidade da empresa, ainda que secundário, ao lado do objetivo de descobrir um continente desconhecido. A tese de Dom Fernando ainda se mantém, mas já foi dado o passo que acabará por arruiná-la. Sigamos a trajetória deste inevitável desenlace.

3. Robertson. *The history of America*.[38]

a) O autor inicia sua exposição descrevendo o horizonte histórico que serve de fundo para a sua tese. No final do século XV, afirma, o grande anseio da Europa era abrir uma comunicação marítima com o remoto Oriente. A esta preocupação geral vincula-se a empresa de Colombo. Não se trata, pois, de uma inexplicável ou extravagante ocorrência nem de uma inspiração divina, é uma façanha do progresso científico do espírito humano.

b) Situada assim a empresa, Robertson passa a explicar em que consistiu o projeto de Colombo. Pensou, afirma, que navegando em direção ao ocidente teria necessariamente que encontrar terra. Mas Colombo estava em dúvida a respeito do que seriam as regiões que podia achar. Com efeito, tem motivos científicos para suspeitar

---

37. Para uma exposição detalhada da tese de Beaumont, veja-se meu livro *La idea del descubrimiento*, Terceira Parte, VII, 2 A.
38. William Robertson, *The History of America*, Londres, 1777.

que encontraria um continente desconhecido; mas, por outro lado, tem razões para acreditar que iria chegar a praias asiáticas. Colombo inclina-se mais por esta última possibilidade, mas a dúvida é a própria essência do projeto.

c) Quando Colombo, por fim, obtém os meios para empreender a travessia, Robertson o apresenta sulcando o oceano decididamente em busca da Ásia, mas sempre com a reserva de que talvez encontre, atravessado no caminho, o continente que havia intuído hipoteticamente.

d) Ao achar terra, Colombo convence-se de que chegou à Ásia e por isso, explica Robertson, foi batizada com o nome de Índias. Mas o almirante não abandona a dúvida inicial. Na segunda viagem, suspeita de que tenha incorrido em um equívoco que, no entanto, não consegue desfazer até a terceira viagem. Foi então quando soube, com certeza, que havia encontrado o continente desconhecido que, desde o início, imaginou que podia descobrir. Colombo é pois o descobridor da América porque, ao comprovar uma das duas finalidades da empresa, teve plena consciência do que havia revelado.[39]

A tese tem uma óbvia semelhança com a anterior, mas a diferença implica um manifesto progresso para a crise definitiva da velha solução de Dom Fernando a qual, no entanto, ainda subsiste como base para poder atribuir a Colombo o descobrimento da América. Registre-se que Robertson não apenas postula o objetivo asiático como uma das duas finalidades da empresa, senão que a considera a principal. Além do mais, e isto é decisivo, explica-a como óbvia dentro das circunstâncias históricas. Assim, o desejo de Colombo de chegar à Ásia já não se admite somente pela exigência de dar razão aos dados revelados por Las Casas, mas se converteu na própria condição para entender o acontecimento. Neste momento, por conseguinte, opera-se uma mudança diametral a respeito da situação que tornou possível a crença no relato do piloto anônimo. Por isso, o objetivo de descobrir um continente ignorado, mas intuído por hipótese científica, passa a um segun-

---

39. Para uma exposição detalhada da tese de Robertson, veja meu livro *La idea del descubrimiento*, Terceira Parte, VII, 2 B.

do plano não por mera atitude tradicional, mas com o objetivo de poder responsabilizar Colombo por um descobrimento que, de outro modo, não se saberia a quem atribuir.

Estamos no limiar de uma mudança decisiva: a tese de Dom Fernando, em que culminou a ideia do descobrimento intencional da América por um Colombo consciente do que fazia, encontrou em Robertson um último baluarte. O próximo e inevitável passo consistirá no abandono definitivo dessa pretensão, quando se colocará, então, a dificuldade de se atribuir a Colombo um ato de cuja natureza não teve, no entanto, a menor ideia Inicia-se, assim, a segunda grande etapa do processo.

VII

A crise sobreveio, explicavelmente, quando um erudito espanhol, Martín Fernández de Navarrete, divulgou numa coleção impressa os principais documentos relativos às viagens de Colombo. Dessa maneira, ficavam superadas as ambiguidades no relato do padre Las Casas, tornando-se patente não só que Colombo havia projetado ir à Ásia, mas também que nunca estivera convencido de não ter realizado esse desejo. Era inevitável, pois, que o paulatino processo de revelação do objetivo asiático alcançasse definitivamente sua culminação. Foi o próprio Fernández de Navarrete que, na Introdução da sua obra, registrou com nitidez o fato. Vejamos o que disse.

1. Navarrete. *Colección*.[40]

a) À semelhança de Robertson, a empresa de Colombo é explicada e justificada como uma das tentativas para satisfazer o anseio geral de estabelecer uma rota marítima com a Ásia.

---

40. Martín Fernández de Navarrete, *Colección de los viajes y descubrimientos, que hicieron por mar los españoles desde fines del siglo XV, con varios documentos inéditos concernientes a la historia de la marina castellana y de los establecimientos españoles en Indias.* Madri, 1825-37.

b) Mas, diferentemente de Robertson e daqueles que o antecederam, para Navarrete o projeto de Colombo consistiu apenas nisso. A grandeza da façanha, pois, não se acha nas ideias que a inspiraram; está, sim, na ousadia de buscar o caminho para as Índias pelo rumo do ocidente.

c) Portanto, já nada se diz da famosa e suposta hipótese que Colombo havia elaborado sobre a existência de uma desconhecida massa continental.

d) De acordo com o exposto, Navarrete admite que, até a sua morte, Colombo acreditou que as terras por ele exploradas pertenciam à Ásia; mas ao mesmo tempo conclui que, com o achado de 1492, Colombo realizou o inesperado e assombroso descobrimento da América, porque, com admiração universal, diz, deu a conhecer um novo mundo.[41]

Vê-se bem: nesta tese já não resta o menor vestígio do motivo pelo qual se vinha atribuindo até então o descobrimento a Colombo. Não obstante isso, continuava a ser-lhe atribuído. Como e por quê? Se, conforme temos longamente explicado, trata-se de um ato que requer do agente consciência do que realiza, como, então, responsabilizar Colombo, de quem expressamente se afirma que carecia dela. Eis aqui o problema constitutivo desta segunda etapa. Para esclarecer o enigma, vamos examinar os textos pertinentes.

2. Irving. *Life and voyages of Columbus*[42]

a) Uma vez mais, a empresa é explicada em termos do anseio pelo estabelecimento da comunicação marítima com a Ásia.

b) Para determinar em que consistiu o projeto de Colombo, Irving examina a tese de Dom Fernando. De acordo com ela, diz Irving, Colombo chegou a concluir que "havia terra não descoberta na parte ocidental do oceano; que era acessível; que era fértil e,

---
41. *Ibid*. Introdução, I, ii.
42. Washington Irving, *Life and Voyages of Columbus*, 1828.

finalmente, que estava habitada",[43] isto é, a famosa hipótese de que Colombo teria intuído a existência da América.

c) Mas a Irving parece que a argumentação de Dom Fernando é ambígua e padece de certo defeito lógico.[44] Por isso, prefere tirar suas próprias conclusões. Afirma que o argumento decisivo que induziu Colombo foi a ideia de que a Ásia era facilmente acessível pelo ocidente.[45] Irving desconhece, pois, outras finalidades da empresa que não seja o objetivo asiático.

d) No relato das outras quatro viagens, Irving esmera-se em mostrar que durante todo o tempo Colombo esteve convencido de haver explorado regiões da Ásia e esclarece que ele jamais se convenceu do contrário.[46]

e) Não obstante esta maneira tão explícita de admitir o que Colombo quis e acreditou fazer, Irving não atribui à empresa o sentido correspondente. Desde o início e ao longo de todo o livro, admite ser esta a maneira pela qual Colombo descobriu a América.

f) No entanto, Irving não esclarece por que motivo entende assim. Trata-se, pois, de uma intervenção que considera óbvia, mas passível de se averiguarem seus motivos.

g) Bem, em uma passagem num dos apêndices da obra,[47] parece que Irving atribui a Colombo o descobrimento, em virtude de haver sido ele o primeiro a encontrar o continente americano; mas uma atenta leitura da obra não autoriza semelhante conclusão. Sabemos com certeza que Irving não se atém à prioridade no achado físico, pois reconhece como prováveis as expedições dos normandos a praias americanas, realizadas vários séculos antes.

---

43. *Ibid.* I, v.
44. Referindo-se à argumentação de Dom Fernando, diz: *"... and the chain of deductions here furnished, though not perhaps the most logical in its concatenation, etc..." Ibid.* I. v.
45. *Ibid.* I, v.
46. *"Until his last breath he entertained the idea that he had merely opened a new way to the old resorts of opulent commerce, and had discovered some of the wild regions of the East". Ibid.* XVIII, v.
47. *"When Columbus first touched a shore of the New World, even though a frontier island, he had achieved his enterprises; he had accomplished all that was necessary to his fame; the great problem of the ocean was solved, the world which lay beyond its Western waters was discovered". Ibid.* Apêndice, X.

Essas expedições, pensa, não constituem, no entanto, um descobrimento propriamente dito da América, porque a revelação assim obtida não transcendeu a esfera dos interesses particulares daquele povo e porque, além disso, os próprios normandos logo a lançaram no esquecimento.[48]

h) Irving insinua que na empresa de 1492 concorre um elemento de intencionalidade que não existe nas viagens normandas e que, por outra parte, não se acha claramente no projeto que a motivou e que atua, apesar do equívoco em que Colombo incorreu ao pensar que havia visitado litorais da Ásia. A essa misteriosa intencionalidade deve-se, portanto, que continue vigente a ideia de que, com o achado de 1492, a América foi descoberta.

Esta é, em resumo, a tese de Washington Irving, o primeiro historiador que narrou a empresa admitindo, sem compromissos, o que Colombo quis fazer e o que pensou. Este é, entretanto, o mistério que rodeia a tese. Examinemos o texto que esclarecerá o enigma.

3. Humboldt. *Cosmos.*[49]

a) Este eminente pensador também situa a empresa dentro do ambiente e dos anseios da época em que ocorreu. Não se limita a assinalar a conexão mas oferece também uma ideia do devir histórico, dentro do qual o acontecimento fica visceralmente articulado e apenas em relação a este ganha seu verdadeiro sentido.

b) Em termos gerais, trata-se da concepção idealista da história tão predominante, sobretudo na Alemanha, durante a primeira metade do século XIX. Sua premissa fundamental, lembre-se, consiste em crer que a história, em sua essência, é um progressivo e inexorável desenvolvimento do espírito humano em busca da meta da sua liberdade, de acordo com a razão. Para Humboldt,

---
48. *Ibid.* Apêndice, XIV.
49. Alexandre von Humboldt, *Cosmos; essai d'une description physique du monde.* Paris, 1866-67. Para notícias bibliográficas, meu livro *La idea del descubrimiento,* p. 267, nota 1.

essa busca fundamenta-se nos lentos, mas seguros, avanços dos conhecimentos científicos que, ao ir conquistando a verdade a respeito do cosmos, acabarão por dar ao homem uma visão absoluta da realidade, base inalterável para estabelecer as normas de sua conduta futura e das relações sociais.

c) Mas o homem, por si só, e não por intervenção divina, é quem deve cumprir a finalidade imanente da história e trabalhar, assim, sua própria felicidade. Isto não significa que os indivíduos tenham necessariamente consciência desse suposto objetivo nem que abriguem o propósito de alcançá-lo, porque ao longo da história vai se realizando, independentemente dos anseios e das vontades pessoais. Assim é significativo o que fazem os homens, mas o que fazem enquanto instrumentos dos desígnios da história.

d) Acontece que, dentro dessa concepção teleológica do devir humano, é possível responsabilizar um homem por um ato cuja significação transcende o sentido que tem, em virtude das intenções com que o executou, desde que sejam de natureza que, independentemente do seu conteúdo particularista, esteja de acordo com os desígnios da história. Assim é possível e deve-se dizer que esse homem teve consciência do significado transcendental do seu ato, não como indivíduo, mas sim como instrumento das intenções imanentes à marcha histórica.

e) À luz destas premissas, Humboldt compara o sentido que tem, respectivamente, a empresa de Colombo e as expedições normandas do século XI. Para isso reconhece, sem reservas, a verdade histórica dessas expedições e também o fato de que Colombo acreditou ter visitado terras asiáticas, pois esse tinha sido o seu objetivo.

f) Do ponto de vista cronológico, é inevitável concluir que os normandos foram os descobridores da América e que a viagem de 1492 foi apenas um redescobrimento. Mas esta é uma maneira superficial e falsa de considerar a questão, porque o mero achado físico não é o significativo. É necessário examinar o problema a partir da intencionalidade de ambos os atos.

g) Assim consideradas, as expedições normandas são um fato casual, porque o achado de terras americanas deve-se a uma nave que foi lançada em direção a elas por uma tempestade. O ato corresponde ao impulso de um cego fenômeno telúrico indiferente ao destino humano, de sorte que, do ponto de vista da sua motivação, não constitui um descobrimento da América que, por definição, implica um ato intencional.

A empresa de Colombo, em compensação, não é um acontecimento fortuito, porque resulta de um projeto científico que corresponde ao impulso do trabalho intelectual, longa e penosamente cultivado desde o alvorecer da humanidade. Não é um ato arbitrário e indiferente ao destino histórico do homem, de maneira que, por sua motivação, pode constituir um verdadeiro descobrimento.

h) Constata-se que Humboldt, fiel à sua visão, desconsidera, por serem carentes de sentido, os propósitos e as crenças pessoais de Colombo; se o ato realizado por ele parece intencional e não fortuito, é porque o considera não como indivíduo mas como instrumento dos desígnios da história.

i) Ainda que estas considerações bastem para explicar por que não é possível atribuir aos normandos o descobrimento da América, elas não esclarecem por si sós o sentido concreto que tem a empresa de Colombo como descobrimento nem como pode ser atribuído à sua pessoa. Se sabemos que não se trata de um ato fortuito, ainda não sabemos em quê consiste nem como Colombo cumpre o seu papel de instrumento dos desígnios da história, única base para conceder-lhe o título de descobridor.

j) O que faz da empresa colombiana o ato significativo que se conhece como o descobrimento da América é que, nessa empresa, realizou-se um desses progressos dos conhecimentos científicos em que se fundamenta, segundo vimos, a própria essência da marcha do homem em direção ao seu destino histórico. Foi assim que se entregou à contemplação dos sábios, vicários dos interesses da humanidade, uma porção desconhecida do globo terrestre, abrindo-se a possibilidade de completar, com o estudo das regiões tropicais da América, a visão científica da parte do cosmos que é diretamente acessível à observação. Com este enriquecimento, tão longamente esperado, o progresso do espírito humano logo pôde alcançar a sua primeira culminância, porque foi possível assentar as bases inalteráveis de conhecimentos absolutos, as bases, enfim, da nova revelação, "a ciência do cosmos", da qual Alexandre von Humboldt é o evangelista e o supremo pontífice.

k) Mas se nisso se fundamentou o descobrimento da América, como responsabilizar Colombo por tão grande façanha? Pode-se realmente atribuir-lhe? Humboldt responde afirmativamente. Não é, afirma, que Colombo tenha sido um sábio nem mesmo um mediano homem de ciência, embora possuísse um espírito inquieto que muito o distingue de um vulgar aventureiro, unicamente atento ao proveito próprio. Não, a razão decisiva é que Colombo foi sensível à beleza do mundo tropical e soube anunciar a boa nova da existência de tais regiões. Jamais se cansa de contemplá-las e de extasiar-se com elas; em seus escritos, esforça-se por transmitir o entusiasmo que elas lhe provocam. Por isso, em que pese sua tosca linguagem, se alça sobre Camões e outros poetas da sua época, presos ainda às ficções literárias de uma suposta natureza arcaica e artificial; também por isso, Colombo é o descobridor da América. De fato, o poético voo de seu entusiasmo foi a via adequada para noticiar à Europa, onde pousava o espírito da história, a abertura desse novo campo de observação, em que consiste, definitivamente, o ato descobridor. Foi assim que Colombo desempenhou, cabal e plenamente, seu papel de porta-voz dos interesses da humanidade e de instrumento das intenções da história.

l) Nada disto acontece no caso das expedições dos normandos. Beneficiários de um achado fortuito, souberam apenas fundar uns estabelecimentos comerciais que, por outro lado, mostraram-se precários. Além do mais, como as regiões setentrionais por eles exploradas não ofereciam um novo espetáculo da natureza, se por acaso a notícia do achado ultrapassou o estreito círculo dos povos para os quais era familiar, não pode ter nenhuma significação verdadeira. Não houve, pois, um descobrimento propriamente dito.[50]

Eis aqui esclarecido o enigma que rodeava a tese de Irving.[51] Eis aqui a solução que corresponde à segunda etapa do processo. Apesar da ameaça que significou o pleno reconhecimento dos propósitos de Colombo e da sua ideia de haver explorado regiões da Ásia, pôde-se satisfazer a exigência de manter em vigor a velha interpretação da empresa de 1492 e resolver o problema de atribuir a Colombo o ato do descobrimento. Para isso, foi necessário recorrer ao arbítrio filosófico de postular, acima das intenções individuais, uma intencionalidade imanente à história que, na esfera leiga, é a contrapartida dos desígnios divinos do providencialismo cristão, conforme a tese do padre Las Casas. Mas agora, semelhante arbítrio produziu o efeito contrário, porque em lugar de revelar como verdade histórica os propósitos pessoais de Colombo e a sua crença de os haver realizado, tornou-os sem efeito por serem historicamente inoperantes. Foi assim, portanto, que pela segunda vez, se bem que de um modo mais sutil, ocultou-se o objetivo asiático da empresa e a convicção que Colombo deve ter explorado regiões da Ásia, ocultação necessária, como sabemos, para poder atribuir-lhe o descobrimento da América.

Com a tese teleológica que examinamos, o processo recuou à sua segunda trincheira; agora só nos resta ver como sobreveio a crise final quando, em virtude da dissolução do dogma idealista, foi necessário renunciar ao seu apoio. Tentar-se-á, veremos a seguir, um último recurso para manter a ideia do descobrimento da América, mas um recurso que serve apenas, definitivamente, para revelar o absurdo que implica semelhante maneira de explicar o aparecimento dessa entidade.

---

50. Para uma exposição mais detalhada da tese de Humboldt, veja-se meu livro *La idea del descubrimiento*, Terceira Parte, X, 2.
51. Em Irving encontramos um eco nítido da tese idealista explicitada tão magistralmente por Humboldt. Irving, *op.cit.*, XVIII, v.

VIII

Enquanto se pôde acreditar, com o idealismo, que a história era um processo em que fatalmente iam se cumprindo, segundo Kant,[52] as intenções da Natureza, situadas além da esfera dos propósitos e das vontades individuais, a viagem de Colombo pôde continuar a ser entendida como o descobrimento da América, conforme a concebeu Alexandre von Humboldt. Mas quando aquela persuasão filosófica, ou melhor dizendo, quase religiosa, entrou em crise depois de haver alcançado o ápice, os historiadores, ainda que os primeiros rebeldes, pouco souberam até que ponto ficavam desamparados e expostos. Em decorrência das orientações fixadas pelo positivismo científico, a verdade histórica deveria repudiar o ilusório auxílio de todo o apriorismo metafísico por ser empiricamente não comprovável e ater-se, em troca, à observação dos fenômenos para poder reconstruir, segundo a célebre fórmula de Ranke, o que "em realidade aconteceu". Isto quer dizer que os historiadores se comprometeram a reconhecer, como fonte do sentido dos acontecimentos históricos, os propósitos e as convicções pessoais dos indivíduos que deles participaram. Dir-se-ia que, finalmente, havia chegado para a empresa de Colombo a hora de que fosse compreendida com o sentido que teve para ele. Mas o certo é que, apesar das novas exigências metodológicas e das inúmeras pesquisas que enriqueceram a historiografia colombiana desde os fins do século XIX, manteve-se a interpretação tradicional na unânime crença de que Colombo havia descoberto a América quando, em 1492, encontrou uma ilha que acreditou pertencer a um arquipélago adjacente ao Japão.

Para termos uma ideia da maneira pela qual se sustentou essa velha ideia, convém, antes de tudo, fixar a tese respectiva, para cujo efeito vamos empregar o texto que, entre outros possíveis, parece representativo, tanto pela sua recente publicação, quanto pelo

---

52. Kant, *Idea de una historia universal em sentido cosmopolita*, 1784, Preâmbulo.

aplauso com que foi recebido e, também, pela seriedade e pelo prestígio científico do seu autor.

4. Morison. *Admiral of the ocean sea*.[53]

a) Como é de rotina, a empresa situa-se no ambiente da época e, em particular, relaciona-se com o desejo comum que havia pelo estabelecimento da comunicação marítima com as regiões extremo-orientais da Ásia.

b) A ideia central que motivou Colombo, diz Morison, foi concretizar esse anseio, mas escolhendo a rota do poente. Semelhante projeto nada tinha de novo. O extraordinário no caso de Colombo não foi, pois, a ocorrência, mas o ter-se convencido de que era factível e a decisão de realizá-la. Morison admite como finalidade única da empresa o objetivo asiático.[54]

c) Na narração das quatro viagens, o autor reconstrói minuciosamente os itinerários e esmera-se em identificar no mapa atual da América os lugares visitados por Colombo.

d) Morison empenha-se, além disso, em mostrar que, em meio à mais variadas hipóteses de detalhe, Colombo sempre esteve convencido de que havia chegado à Ásia desde a primeira vez que encontrou terra em 1492.[55]

e) Apesar de um reconhecimento tão expresso das intenções pessoais de Colombo e da sua opinião a respeito do que havia feito, Morison não tem nenhuma dúvida de que, em verdade, o que o Almirante realmente fez foi descobrir a América. Mas, como e por quê?

f) Explica, numa passagem decisiva, que embora Colombo não tenha tido jamais o propósito de encontrar o continente

---

53. Samuel Eliot Morison, *Admiral of the Ocean Sea. A life of Christopher Columbus*. Boston, 1942.
54. *Ibid*. VI.
55. É verdade que Morison diz que, na terceira viagem, Colombo "admitiu ter encontrado um novo continente". *Ibid* VI, v. I, p. 76, mais adiante esclarece que esse "outro mundo", como denominou-o Colombo, não era para ele senão um desconhecido apêndice da Ásia. *Ibid*. XXVII, v. 2, p. 40-1.

americano nem tenha abrigado a suspeita de que existia, a verdade é que descobriu a América inteiramente por acidente, por casualidade.[56]

Eis aqui, pois, a resposta que corresponde à terceira etapa do processo, a tese do descobrimento casual, que hoje se ensina e se venera como verdade e que serviu de ponto de partida para esta pesquisa. Com ela, portanto, termina a reconstrução histórica que nos propusemos a fazer. Vamos agora examinar essa tese para ver se contém ou não um absurdo, segundo antecipamos.

IX

Já que se trata de colocar à prova uma interpretação, é conveniente, antes de tudo, ter uma ideia clara do que isso significa.

O essencial a respeito consiste em reconhecer que qualquer ato, se for considerado em si mesmo, é um acontecimento que carece de sentido, um acontecimento do qual, portanto, não podemos afirmar o que seja, isto é, um acontecimento sem ser determinado. Para que o tenha, para que possamos afirmar o que seja, é necessário atribuir-lhe uma intenção ou um propósito. No momento em que fazemos isso, com efeito, o ato ganha sentido e podemos dizer o que é; concedemos-lhe um ser entre outros possíveis. A isto se chama uma interpretação, assim, podemos concluir que interpretar um ato é dotá-lo de um ser ao atribuir-lhe uma intenção.

Exemplificando: vemos um homem sair de sua casa e dirigir-se a um bosque próximo. Esse é o ato considerado em si mesmo como um puro acontecimento. Mas o que é esse ato? Obviamente pode ser muitas coisas diferentes: um passeio, uma fuga, um reconhecimento levado a termo com fins lucrativos, uma exploração científica, o início de uma longa viagem ou, enfim, tantas outras

---
56. *Ibid.* VI, v. 1, p. 76.

coisas quantas possam ser imaginadas, sempre de acordo com a intenção que se supõe naquele homem.

Isto parece claro e não há necessidade de nele insistir. Mas é necessário, por outro lado, ver que essa possibilidade que temos de atribuir um sentido a um ato ao interpretá-lo, tem um limite. A intenção que se supõe deve-se atribuir a um agente, não necessariamente capaz de realizá-la por si mesmo, pois que se pode valer de outro, mas sim necessariamente capaz de ter intenções, porque do contrário se incorrerá num absurdo. Assim, há muitos entes os quais podemos conceber – e de fato se tem concebido – como capazes de vontades e de realizá-las por si mesmo, como Deus, os anjos, os homens, os espíritos de além vida e mesmo os animais, e outros que são capazes do primeiro, mas não do segundo, como são certas entidades metafísicas, a Natureza ou a História Universal, segundo a entenderam e a entendem algumas doutrinas filosóficas. Mas o que não se pode conceber são os entes inanimados, como as figuras geométricas, os números ou os objetivos materiais, um triângulo, uma mesa, o sol ou o mar, por exemplo. Se o fazemos, ou é metaforicamente, como quando se diz que o mar não quis que a Espanha invadisse a Inglaterra, ou então estamos extrapolando.

Fica claro que, no limite, a interpretação de um ato pode ser plausível mesmo quando o agente que o realiza seja incapaz de ter intenções, desde que o propósito que dá sentido ao ato proceda de um ente capaz de tê-las; mas será absurda em caso contrário, mesmo quando o agente que o realiza tenha essa capacidade.

Examinemos agora, à luz destas considerações, o processo da história da ideia de descobrimento da América, uma vez que se trata de três maneiras diferentes de interpretar um mesmo ato: a viagem de Colombo de 1492.

Primeira etapa do processo: a interpretação consiste em afirmar que Colombo demonstrou que as terras que encontrou em 1492 eram um continente desconhecido, porque com essa intenção realizou a viagem. (Item IV)

Neste caso, trata-se de uma interpretação admissível, porque a intenção que dá ao ato interpretado o sentido de ser uma empresa descobridora, baseia-se numa pessoa, ou seja, num ente capaz de tê-la e de realizá-la. Mas já sabemos que esta tese teve de ser abandonada porque seu fundamento empírico mostrou-se documentalmente insustentável.

Segunda etapa do processo: a interpretação consiste em afirmar que Colombo demonstrou que as terras por ele achadas em 1492 eram um continente desconhecido, porque se é correto que nem essa era a intenção com a qual realizou a viagem, nem teve ideia do que havia feito, ao executar o seu ato, cumpriu a intenção da História, que era a de que o homem haveria de ter conhecimento da existência do referido continente. (Item VII)

Neste segundo caso, a interpretação ainda é admissível, porque a intenção que dá sentido ao ato interpretado de ser uma empresa descobridora fundamenta-se no próprio ato, isto é, concebe-se como imanente à História, entidade que se pode conceber como capaz de ter intenções, embora não de as realizar por si mesma, de maneira que se utiliza de Colombo como de um instrumento para esse fim. Mas sabemos que esta tese também teve de ser abandonada, não por deficiência de fundamento empírico, como no caso anterior, mas porque sua premissa teórica mostrou-se insustentável.

Terceira etapa do processo: a interpretação consiste em afirmar que Colombo demonstrou que as terras encontradas em 1492 eram um continente desconhecido, encontrado puramente por casualidade, isto é, sem que haja mediação de qualquer intenção a respeito. (Item VIII)

Neste caso é óbvio que, do ponto de vista dos requisitos de uma interpretação, a tese oferece uma séria dificuldade, porque não obstante negar-se a intenção, continua a se dar ao ato o mesmo sentido das teses anteriores. Como isto é impossível, porque sem aquele requisito o ato não poderia ter o sentido que se lhe dá, torna-se forçoso supor que a intenção existe apesar de negada; o problema assim apresenta um duplo aspecto: primeiro, como conciliar essa contradição e, segundo, averiguar onde existe essa intenção, que foi necessário supor para que o ato pudesse ter o sentido que se lhe atribui.

Pode-se evitar a contradição, se tivermos presente não ser necessário que o agente seja aquele que tem a intenção que dá seu sentido, porque já sabemos que pode agir como mero instrumento de um desígnio que não seja o seu pessoal. Desse modo, Colombo teria revelado, sem a intenção de o fazer, a existência das terras que encontrou, cumprindo um propósito alheio, de maneira que, do ponto de vista de Colombo, seria lícito afirmar, como faz a tese, que o ato não foi intencional, embora, em realidade tenha que o ser. Em outras palavras, apenas supondo que Colombo agiu como instrumento de uma intenção diversa da sua, evita-se a contradição que indicamos e a tese fica a salvo por este motivo.

Mas onde se fundamenta, então, essa oculta intenção que dá o sentido de descobrimento à viagem de 1492? A resposta, por estranho que pareça, não admite dúvida. Com efeito, todo ato oferece três possibilidades, a saber: o sujeito do ato, o ato em si e o objeto do ato. Como, no caso, já se ensaiaram e descartaram as duas primeiras, somos obrigados a concluir que, nesta terceira etapa, a intenção ficou vinculada como imanente à coisa que se diz que foi descoberta. Mas se assim é, a tese incorre num absurdo, porque rebaixou o limite admissível a qualquer interpretação, pois o continente americano não é, obviamente, alguma coisa capaz de ter intenções.

Estes são, consequentemente, o segredo e o absurdo desta tese; em verdade, conhecendo-os, esclarece-se o que, desde o início, nos parecia tão suspeito, ou seja, que se pode responsabilizar um homem por algo que expressamente se admite que não fez. De fato, por pouco que se pense, constatamos que quando se afirma que Colombo descobriu por casualidade o continente americano por haver deparado com umas terras que acreditou serem asiáticas, isto é, quando nos pedem que aceitemos que Colombo revelou o ser de umas terras diferente do ser que ele lhes atribuiu, o que em realidade nos estão pedindo é que aceitemos que essas terras revelaram seu secreto e escondido ser quando Colombo deparou com elas, pois de outra maneira não se entende como pôde acontecer a revelação que se diz ter acontecido.

O absurdo desta tese torna-se patente no momento em que extraímos a necessária consequência, porque agora vemos que a ideia do descobrimento casual do continente americano não só anula, por serem inoperantes, os propósitos e as opiniões pessoais de Colombo, como também o converte no dócil e cego instrumento, não de uns supostos desígnios do progresso histórico, mas de umas supostas intenções imanentes a uma coisa meramente física. Mas está claro que, ao admitir isso, atropelamos o processo histórico e privamos o homem da já até problemática liberdade que lhe concedia o idealismo. Agora, em lugar de conceber a história como o resultado das decisões circunstanciais tomadas pelos homens e por eles realizadas, é concebida como o resultado de propósitos imanentes às coisas, cega e fatalmente cumpridos pelos homens. Assim, o homem já não é o servo do devir histórico, concebido como um processo de ordem racional, segundo acontece com o idealismo – o que já é bastante grave – mas é o escravo de não se sabe que processo mecânico dos entes materiais inanimados.[57]

X

A análise histórica da ideia do descobrimento da América mostrou que estamos na presença de um processo interpretativo que, ao esgotar sucessivamente suas três únicas possibilidades lógicas, fatalmente desemboca no absurdo. Essa história constitui,

---

57. Esta é a contradição que sustenta, no fundo, o materialismo contemporâneo que é apenas a situação limite a que leva o idealismo transcendental. Nossa análise demonstra que se pode adotar a seguinte sequência, como esquema fundamental do desenvolvimento histórico da filosofia da História: 1) Providencialismo: a intenção dos atos humanos está em Deus. 2) Humanismo transcendental: a intenção está no indivíduo. 3) Idealismo transcendental: a intenção está nos próprios atos, ou seja, na História. 4) Materialismo transcendental: a intenção está no objeto. 5) Humanismo histórico: a intenção está no homem, mas sem pretensões de verdade absoluta.

pois, uma *reductio ab absurdum*, de tal sorte que ela mesma é o melhor argumento para refutar, de maneira definitiva, aquele modo de querer explicar o aparecimento da América no âmbito da Cultura do Ocidente. Agora é preciso extrair as consequências, mas antes faz-se necessário examinar um último problema, tanto mais que assim se nos oferece a ocasião de penetrar até a raiz do mal que oprime todo o processo.

Parece claro que nossas reflexões estarão incompletas, se não nos dermos conta das três questões fundamentais que delas derivam. Primeira, a quê se deve a ideia de que a América foi descoberta, isto é, qual é a condição de possibilidade da própria interpretação. Segunda, como explicar a insistência em manter a referida interpretação contra a evidência empírica, isto é, por que não foi abandonada a partir do momento em que se tornaram patentes os verdadeiros propósitos e as opiniões de Colombo. Terceira, como é possível supor um absurdo tão flagrante como esse que suscita a tese final do processo, isto é, de que maneira pode ser concebida no continente americano a intenção de revelar o seu ser. Numa palavra, é necessário mostrar, pelo exame destas três questões, quem é o vilão que está por trás de toda esta história.

É óbvio que não vamos incorrer na ingenuidade de pretender que o mal provém de alguma deficiência mental dos historiadores que se encarregaram do desenvolvimento do processo, nem de alguma diabólica maquinação que os tivesse perturbado e desorientado. Provém, isto sim, de uma prévia suposição na sua maneira de pensar que, como apriorismo fundamental, condiciona todas as suas reflexões e que tem sido, desde os gregos pelo menos, uma das bases do pensamento filosófico do Ocidente. Fazemos alusão, já se terá adivinhado, à velhíssima e venerável ideia de que as coisas são algo em si mesmas, algo *per se*; que as coisas estão feitas de acordo com um único tipo possível, ou para dizê-lo de forma mais técnica: que as coisas estão dotadas, desde sempre, para qualquer objetivo e em qualquer lugar, de um ser fixo, predeterminado e inalterável.

Segundo esta maneira de entender a realidade, o que se pensa, num determinado momento, que é uma coisa, uma coisa existente, é o que tem sido sempre e o que sempre será, sem remédio; algo definitivamente estruturado e feito, sem que haja possibilidade alguma de deixar de ser o que é para ser algo diferente. O ser – não a existência, veja-se bem – das coisas seria, pois, algo substancial, algo misteriosa e visceralmente alojado nas coisas; a sua própria natureza, isto é, aquilo que faz com que as coisas sejam o que são. Assim, por exemplo, o Sol e a Lua seriam, respectivamente, uma estrela e um satélite, porque aquele participa da natureza que faz com que as estrelas sejam isso e a Lua, da natureza que faz com os satélites sejam satélites, de tal sorte que, desde que existem, o Sol é uma estrela e a Lua um satélite e assim até que desapareçam.

Pois bem, a grande Revolução Científica e Filosófica dos nossos dias ensinou que essa antiga maneira substancialista de conceber a realidade é insustentável, porque se chegou a compreender que o ser – não a existência – das coisas é apenas o sentido ou a significação que se lhes atribui dentro do amplo marco da imagem da realidade vigente, num determinado momento. Em outras palavras, que o ser das coisas não é algo que elas tenham por si mesmas, mas algo que se lhes outorga ou atribui.

Uma exposição mais completa desta grande revolução filosófica e das suas consequências a respeito da maneira de conceber o homem e seu mundo nos distanciaria demasiadamente do nosso propósito imediato, mas estamos convencidos de que, para este fim, bastará voltar ao exemplo que acabamos de empregar. Se nos situarmos historicamente na época da vigência científica do sistema geocêntrico do Universo, o Sol e a Lua não são, como o são para o sistema heliocêntrico, uma estrela e um satélite, mas são dois planetas, se bem que, num e noutro caso, ambos são corpos celestes, os quais, no entanto, para uma concepção mítica do Universo, não são sequer isso, mas deuses ou espíritos. Observe-se: o ser dessas duas entidades, desses dois pedaços de matéria cósmica, não é nada que lhes pertença essencialmente nem nada que esteja alojado nelas, mas, pura e simplesmente, o sentido que se lhes atribui de acordo com a ideia que se tenha por verdadeira a respeito da realidade; por isso, o Sol e a Lua têm sido sucessivamente deuses, planetas e agora e trela e satélite, respectivamente, sem que seja lícito concluir que a dotação de um ser a uma coisa, em referência a uma determinada imagem da realidade, seja um "erro", só porque essa imagem não é a vigente. Ao contrário, é óbvio que o erro consiste em atribuir ao Sol e à Lua, para continuar com o mesmo exemplo, o ser de estrela e de satélite, respectivamente, se está sendo considerada uma época de vigência do sistema geocêntrico do Universo, como também seria erro considerá-los agora dois planeta.

Feitos estes esclarecimentos, a resposta ao problema que colocamos já é transparente: o mal que está na raiz de todo o processo histórico da ideia do descobrimento da América consiste no fato de se ter suposto que esse pedaço de matéria cósmica, que agora conhecemos como continente americano, terá sido isso sempre, quando em realidade só o foi a partir do momento em que se lhe atribuiu essa significação e deixará de o ser no dia em que, por alguma mudança na atual concepção do mundo, já não se lhe atribuía. Agora podemos ver com clareza porque foi necessário não só conceber o aparecimento da América como o resultado de um descobrimento e porque se insistiu nisso, apesar das dificuldades que essa explicação apresenta do ponto de vista da hermenêutica histórica, mas também como é possível incorrer no absurdo de fundamentar a intenção que requer o ato descobridor à coisa que se diz tenha sido descoberta. Examinemos separadamente estes três aspectos do problema.

1. Se se supõe que o pedaço de matéria cósmica que hoje conhecemos como continente americano foi isso sempre, ou melhor dizendo, se se supõe que é isso em si ou de si, então torna-se claro que um ato que se limita a mostrar a existência desse pedaço de matéria tem que ser concebido como a revelação ou o descobrimento do seu ser, pela simples razão de que a existência e o ser desse ente têm sido identificados com aquela suposição. Trata-se, pois, de um ente que, tal qual uma caixa que contivesse um tesouro, abriga um ser "descobrível", de sorte que a sua revelação tem que ser explicada como resultado de um descobrimento.

2. Mas, além disso, se se supõe que esse pedaço de matéria está dotado de um ser "descobrível", então não só é necessário entender a sua revelação como o resultado de um descobrimento, mas é forçoso também supor que se realiza pelo mero contato físico com a coisa e, portanto, independentemente das ideias que a respeito dela tenha o "descobridor", pela simples razão de que o que ele ou qualquer outro pense sobre o assunto não pode afetar em nada aquele ser predeterminado e inalterável. Deste modo temos, então, não apenas a suposição de que se trata de uma coisa em si, dotada por isso de um ser descobrível, mas também que, coerentemente, temos a suposição de que o ato que o revela é igualmente um acontecimento em si, dotado por isso de um sentido predeterminado, pois sejam quais forem as intenções e as opiniões de quem o realiza, esse ato tem que ser o descobrimento daquele ser descobrível. Assim compreendemos, enfim, o que de outra maneira não tem explicação plausível, ou seja, a insensata insistência em dizer que o verdadeiro sentido da viagem de Colombo de 1492 foi que por ela se descobriu o continente americano, apesar de ter sido logo divulgado por todos os meios possíveis que o que ele, Colombo, verdadeiramente fez foi algo muito diferente.

3. Por último, se se supõe que o descobrimento do ser da coisa é cumprido pelo mero contato físico com ela, então não só é necessário entender que a revelação se realiza independentemente das intenções pessoais do agente, mas é também forçoso supor que, imanente a ela, a coisa tenha a capacidade ou, por assim dizer, a intenção de revelar seu ser, pela simples razão de que, de outra maneira, não se explica como se pôde realizar o descobrimento. Deste modo, teremos então não apenas a suposição de que o descobrimento é um ato em si, dotado, por isso, de um sentido ou de um ser predeterminado, mas também, coerentemente, teremos

a suposição de que a coisa mesma é a que tem a intenção que dá ao ato o referido sentido. Assim entendemos como é possível incorrer no absurdo de o continente americano ter tido o desígnio de descobrir-se a si mesmo no momento em que Colombo entrou em contato físico com ele, porque, se em lugar de pensar que a esse pedaço de matéria se atribuiu esse ser num momento dado para explicá-lo dentro de uma determinada imagem geográfica, pensamos que o tem sempre como algo essencialmente seu e independentemente de nós; a ele outorgamos, *ipso facto*, a capacidade de que esse ser possa nos obrigar a entrar em relação ou contato com ele, obrigação que é como a de uma vontade ou intenção a que é forçoso submetermo-nos, pois não estamos livres diante dele. Assim torna-se possível que se incorra no absurdo que encontramos no âmago da tese do descobrimento casual da América. Não são, portanto, puramente acidentais as metáforas que os historiadores costumam empregar quando, emocionados, descrevem o famoso episódio de 12 de outubro de 1492, enquanto nelas se torna patente o absurdo da tese. Morison, por exemplo, ao relatar aquele acontecimento, termina por dizer que "nunca mais poderão os mortais abrigar a esperança de sentir de novo o pasmo, o assombro, o encanto daqueles dias de outubro de 1492, quando o Novo Mundo graciosamente cedeu sua virgindade aos vitoriosos castelhanos".[58] Mas, que outra coisa denuncia este estupro metafísico senão a ideia de que, já plenamente constituído em seu ser, ali estava o continente americano em secular e paciente disposição para revelar-se ao primeiro que, como num conto de fadas, viesse tocá-lo? Eu gostaria de terminar este item com um pequeno relato que talvez sirva para esclarecer as coisas. Ao concluir uma conferência em que eu acabava de expor todas estas ideias, fui abordado por um dos assistentes, que me disse: "O senhor quer dizer seriamente não ser possível a um homem descobrir por acidente um pedaço de ouro, tomemos por exemplo, sem que seja necessário supor, para que isto aconteça, que este

---

58. Morison, *Admiral of the Ocean Sea*. XVI, v. 1, p. 308.

pedaço de ouro ali estava disposto ou desejando que o viessem descobrir?"

"A resposta – disse-lhe – deixo-a à sua conta; mas antes reflita um pouco e verificará que se esse homem não tem uma ideia prévia do metal a que chamamos ouro para poder, assim, atribuir ao pedaço de matéria que encontra acidentalmente o sentido que tem essa ideia, é absolutamente impossível que faça o descobrimento que o senhor lhe atribui. Esse, acrescentei, é precisamente o caso de Colombo."

XI

É chegado o momento de responder à pergunta que serviu de ponto de partida a esta reflexão e de extrair as consequências que dela derivam.

Já perguntamos se a ideia da descoberta do continente americano terá sido ou não aceitável como forma satisfatória de explicar o aparecimento do referido continente no âmbito da Cultura do Ocidente. Agora já podemos responder, com pleno conhecimento de causa, que não é satisfatória, porque sabemos que se trata de uma interpretação que não consegue dar conta adequada da realidade que interpreta, pois ela própria se reduz ao absurdo quando chega à situação limite de suas possibilidades lógicas. Mas como sabemos, além do mais, que a causa desse absurdo é a noção substancialista a respeito da América como uma coisa em si mesma, concluímos que é forçoso abandonar tanto essa velha noção como a interpretação que dela procede, a fim de termo liberdade para buscar um modo mais adequado de explicar fenômeno.

Ao chegar a esta necessária e revolucionária conclusão, ter-se-á constatado que colocamos em crise os fundamentos da historiografia americana em sua totalidade, conforme vem sendo concebida e elaborada até agora. A razão é óbvia: a noção tradicional a respeito da América como uma coisa em si e a ideia não menos tradicional de que, por isso, se trata de um ente cujo ser é descobrível, que de fato foi descoberto, constituem a premissa ontológica e a premissa hermenêutica, respectivamente, do que depende a verdade que aquela historiografia elabora. Não é difícil ver que, se se deixa de conceber a América como algo definitivamente feito desde todo o sempre, que milagrosamente revelou num bom dia o seu oculto, ignoto e imprevisível ser a um mundo atônito, então o acontecimento que assim se interpreta (o encontro por Colombo de regiões oceânicas desconhecidas) ganhará um sentido inteiramente diferente como também, está claro, a longa série de acontecimentos que os seguirão. Assim, todos esses fatos que agora conhecemos como a exploração, a conquista e a colonização da América; o estabelecimento de regimes coloniais em toda a diversidade e complexidade de suas estruturas e de suas manifestações; a paulatina formação das nacionalidades; os movimentos em prol da independência política e da autonomia econômica; numa palavra, a grande soma total da história americana, latina e saxônica, estará revestida de uma nova e surpreendente significação. Veremos, antes de tudo, que o problema central da sua verdade é o concernente ao ser da América, não pensado como essa substância inalterável e predeterminada que agora, inconscientemente, se postula, *a priori*, mas como resultado de um processo histórico peculiar e próprio, embora essencialmente vinculado ao processo do acontecer universal. Pois, assim, os acontecimentos não aparecerão como algo externo e acidental que em nada podem alterar a suposta essência de uma América constituída desde a Criação, mas como algo interno que vai constituindo o seu ser, ondulante, dinâmico e perecível como o ser de tudo que é vida; sua história não será aquilo que a América "passou", mas aquilo que "foi, é e continua sendo".

Depreende-se destas considerações que o resultado de nossa análise representa, do lado negativo, a bancarrota e o desmoronamento da velha concepção essencialista da história americana; mas, do lado positivo, significa a abertura de um caminho para se chegar a uma visão dinâmica e viva a respeito dela. Mas se assim é, se diante dos nossos olhos se desdobra esta possibilidade, o primeiro e o que sempre há que se ter presente é que já não contamos, nem devemos jamais contar, com uma ideia a priori do que seja a América, pois essa noção é uma resultante da reflexão histórica e não, como é habitual supor, uma premissa logicamente anterior a ela. Isto quer dizer que somos levados a propor um processo diametralmente inverso ao tradicional, se pretendemos abordar o grande problema histórico americano, qual seja, esclarecer como apareceu a ideia da América na consciência da Cultura do Ocidente. Em lugar de partir de uma ideia preconcebida a respeito da América para tratar de explicar – já vimos a que preço – como Colombo descobriu o ser desse ente, devemos partir do que fez Colombo, para explicar como se chegou a atribuir-lhe esse ser. E se o leitor teve a paciência de seguir-nos até aqui com suficiente atenção, verificará que, do ponto de vista do processo cuja história reconstruímos, este novo caminho é o de aceitar plenamente o sentido histórico da empresa de Colombo, tal como se deduz das suas intenções pessoais, em lugar de anular seu significado como se fez nas duas últimas etapas daquele processo. Assim, nossa proposta pode ser considerada como uma etapa ulterior do mesmo desenvolvimento, mas uma etapa que, englobando a crise a que conduz o insensato empenho de manter a ideia do descobrimento da América, o abandona em busca de um novo conceito que apreenda de um modo mais adequado a realidade dos fatos. Esse conceito, podemos antecipar, é o de uma América inventada que não é o da velha noção de uma América descoberta.

SEGUNDA PARTE

O HORIZONTE CULTURAL

> ... o *nosso mundo é invenção, criação, improvisação,*
> *acontecimentos geniais, aventura, êxito.*
>
> Juan David Garcia Bacca.
> *Antropología Filosófica Contemporánea,* 1957.

I

A noção que nos permitiu chegar até a raiz do mal que recai sobre a tese do descobrimento da América foi a de que nem as coisas nem os acontecimentos são algo em si mesmos, mas que o seu ser depende do sentido que se lhes atribui no marco referencial da imagem que se tenha a respeito da realidade, nesse momento. Isto ficou bem ilustrado com o exemplo do diferente ser de que foram dotados o Sol e a Lua, conforme as exigências da visão mítica, geocêntrica ou heliocêntrica do universo, respectivamente.[1] Como a tarefa que nos impusemos consiste em saber por que, quando e como se atribuiu o ser ou sentido de continente americano ao conjunto das regiões, cuja existência Colombo começou a mostrar em 1492, é óbvio que não podemos desempenhá-la como deve ser, se antes não tivermos conhecimento da imagem da realidade que serviu de campo de significação para aquele acontecimento. A este respeito, é

---

1. O mesmo acontece em relação às pessoas: para o homem apaixonado por uma mulher, essa mulher é uma pessoa muito diferente daquela para quem ela não desperta interesse, porque, seja pelo amor que ele lhe devota, seja em decorrência da indiferença que o outro manifeste, ela permanece dotada simultaneamente de duas maneiras de ser, em razão dos diferentes sentidos que se lhe atribuem, embora coincidam na significação genérica: para ambos é uma mulher, ainda que cobiçada e perfeita para o apaixonado e indiferente e comum para o outro.

importante entender que a referida imagem não representa uma visão estática, arbitrária ou errônea, como se costuma pensar, mas representa o estágio que havia alcançado, em fins do século XV, o processo multissecular dos esforços que o homem do Ocidente vinha empregando para entender a sua localização e o seu papel no cosmos. É assim que ao projetar o processo da invenção da América, sobre o fundo do seu próprio horizonte cultural, não só se explicará o aparecimento desse ente, mas também que o acontecimento surgirá como uma nova etapa – talvez a mais decisiva – daquele antiquíssimo processo. Verifica-se, pois, que o tema americano que aqui vamos examinar ultrapassa suas imediatas limitações, porque, assim visto, ficará vinculado ao amplo curso do devir da história universal. Passemos à descrição, em seus traços essenciais, do grande cenário em que se desenvolveu tão prodigiosa aventura.

II
O universo

O conceito básico para entender a fundo a imagem que se tinha do universo em tempos de Colombo é o de haver sido criado *ex nihilo* por Deus.

Dado que esta era a sua origem, se lhe atribuem as seguintes notas características: é finito, pois de outro modo se confundiria com Deus; é perfeito, pois é obra de Deus; perfeito que é, tudo nele já está feito de forma inalterável e de acordo com um modelo arquetípico e único e, finalmente, o universo é de Deus e para Deus, pois foi criado pela sua bondade infinita, mas como testemunho da sua onipotência e glória. Nada, pois, no universo pertence ao homem, nem mesmo a porção que habita e será sacrilégio toda tentativa que prejudique essa soberania divina.

Tal maneira de conceber a realidade universal traduziu-se numa imagem que, em tempos de Colombo, é a correspondente ao antigo sistema geocêntrico, porque já naquele momento se havia abandonado definitivamente a noção patrística da Terra como superfície plana.[2]

Lembremos, então, daquela arcaica imagem com os ajustes que lhe deu o Cristianismo, de acordo com as suas exigências teológicas. O universo aparentava ter a forma de uma imensa esfera no espaço, finita, portanto, mas também finita no tempo, pois havia tido um começo. No aspecto meramente físico, essa esfera continha duas zonas concêntricas, que não apenas se diferenciavam em tamanho mas também em índole ou natureza.[3] A primeira e mais distante do centro era a zona celeste que continha, por sua vez, as órbitas do empíreo, do primeiro motor, do cristalino, do firmamento ou seja, a das estrelas fixas e, finalmente, as dos sete planetas, entre os quais se contavam o Sol e a Lua. Além do empíreo, encontrava-se a zona espiritual, que continha as órbitas dos bem-aventurados e das hierarquias angélicas; imediatamente abaixo da órbita da Lua, começava a segunda zona. Na primeira, a celeste, não existia o fenômeno da decomposição e se via unicamente afetada pelo deslocamento circular, a menos imperfeita entre todas as modalidades de movimento. A segunda zona, a sublunar, continha os quatro elementos da matéria: o fogo, o ar, a água e a terra, nessa ordem. Esses elementos ou essências, em combinação com suas qualidades intrínsecas, formavam todos os corpos sensíveis ou materiais e era nessa zona, consequentemente, onde reinava a decomposição e as demais modalidades de transformação e de movimento. Nela eram gerados todos os entes vivos corporais, destinados a perecer.

---

2. Durante a época de formação do Cristianismo, isto é, durante a patrística, foi repudiada a noção da esfericidade do universo e, portanto, da Terra. A relação de escritores que trataram deste assumo inclui S. Clemente de Alexandria (+ c.225), Eusébio de Cesárea (+ 340), Lactancio (+ 340), São Basílio (+ 379), Santo Ambrósio (+ 397), Diódoro de Tarso (+c.394), São João Crisóstomo (+ 407), Severiano de Gabala (+c.408), Teodoro de Mopsuestia (+c.428), Santo Agostinho (+ 430), Orosio (+ 417), Procopio de Gaza (+c.528), São Cesáreo (+ 542), Cosmas (+c. 547) e Santo Isidoro de Sevilha (+ 636).
3. Na ordem espiritual incluíam-se, além do mais, a zona dos bem-aventurados e dos anjos, colocada além da esfera dos corpos celestes, e a zona infernal focalizada no centro da Terra.

É interessante lembrar com maior detalhe a estrutura dessa zona da decomposição ou zona elementar, como também se chamava. Da mesma maneira que a zona celeste, dividia-se em órbitas concêntricas, mas apenas em quatro, por ser esse o número dos elementos. Na primeira, a mais distante do centro e contígua à órbita da Lua, predominava o elemento fogo, o mais leve. Na segunda órbita, predominava o elemento ar; na terceira, o elemento água e, na quarta, o elemento terra, cuja massa aparentava a forma de um globo que, situado no centro do universo, permanecia absolutamente imóvel.[4] A ordem na colocação dessas quatro órbitas obedecia à crescente diferença no suposto peso intrínseco dos quatro elementos que, por essa razão, achavam-se situados em seu "lugar natural" e, embora pareça óbvio, não será demais esclarecer que neste sistema o globo terrestre, hoje entendido como um dos planetas do sistema solar, não era isso, pois não era sequer um corpo celeste. Era a massa de matéria mais pesada do universo: uma grande bola que, fixa no seu centro, suportava o peso das massas de matéria em escala crescente de leveza, nas quais predominavam, respectivamente, as essências da água, do ar e do fogo. Vinha a ser o inalterável alicerce de todo o cosmos, em cujo interior se alojava a zona do inferno. Esta também estava estruturada em órbitas concêntricas que, começando pela do Limbo, em direção ao centro se sucediam em sete esferas correspondentes aos sete pecados capitais, moradas de castigo dos condenados. A última esfera, a do centro, era o cárcere onde, agrilhoado, vivia Lúcifer sua morte eterna. (Fig. 1)

---

4. *"It must not be imagined that such philosophers as Empedocles thought that the elements were the substances that we know by the names of earth, water, air and fire on our earthly sphere. Here we find the elements only in combination. Thus the substances we know as water contains, according to the theory, a preponderance of elemental water, but contains also small amounts of the other three elements. The element water forms only the essence of water, an essence that we human beings can never apprehend."* Charles Singer, A Short History of Science to the Nineteenth Century. Oxford. Clarendon Press (reimpressão, 1949), p. 25-6.

A INVENÇÃO DA AMÉRICA 75

FIGURA 1. Diagramas para ilustrar a concepção ptolomaico-cristã do universo. Mostram a esfera das zonas celeste e elementar e a zona do inferno abrigada dentro da Terra. Galluci, G. P. *Theatrum mundi*. Veneza, 1589.

III
O globo terrestre

1. Desde que os gregos constataram que a Terra aparentava a forma de uma esfera, surgiu a constante preocupação em determinar o seu tamanho, ou para dizer de uma maneira técnica, em calcular a medida da sua circunferência. É assombrosa a aproximação a que chegou a ciência antiga, dados os meios e métodos com que contava. Mas ao longo dos séculos posteriores, estes resultados sofreram muitas revisões e alterações, de maneira que, em fins do século XV, existiam inúmeras autoridades e argumentos para dar apoio às opiniões mais díspares, e ainda que se possa afirmar que entre os letrados a opinião geral não estava muito distante do cálculo das medições modernas, também é certo que reinava suficiente incerteza, de maneira a se considerar o problema questão aberta. Não nos surpreenderá que Colombo se tenha atrevido a reduzir enormemente o tamanho da circunferência do globo, para apresentar como factível a realização do seu projeto.[5]

2. Outro problema que se reveste do maior interesse para os nossos objetivos é o relativo à proporção em que estava distribuída a superfície do globo entre mar e terra. Trata-se de uma das preocupações mais antigas e centrais na história da geografia. Aqui nos restringiremos a apresentar a situação em fins do século XV. É óbvio que apenas em tempos modernos pode-se resolver o problema de uma maneira satisfatória. Antes, tudo se reduzia a especulações hipotéticas que, no entanto, não devemos considerar arbitrárias, pois respondiam a exigências de natureza científica ou religiosa. Referimos-nos à tese aristotélica segundo a qual, em princípio, a esfera da matéria em que predominava o elemento água, o Oceano, deveria cobrir a totalidade do globo terrestre e, de outro lado, referimos-nos à noção bíblica, em que Deus ordenou às águas que se retirassem, para deixar descoberta uma

---
5. A este respeito, veja-se a tabela comparativa de medidas incluída por Morison em seu *Admiral of the Ocean Sea*, I, 103.

porção da superfície terrestre.[6] Assim, com efeito, embora essas noções obrigassem a considerar como caso de exceção a existência de terra não submersa, acabou por se impor o caráter insular dessa porção, contra a tendência oposta que via nos mares enormes lagos.[7]

Mas com essa solução de ordem geral, o problema estava longe de ser resolvido por duas questões capitais. A primeira era a da longitude que podia ser atribuída ao *orbis terrarum*, isto é, a da chamada Ilha da Terra, a porção habitada pelo homem e situada no hemisfério Norte do globo. A segunda questão consistia na dúvida a respeito da existência de ilhas semelhantes nos outros hemisférios, o antigo problema de terras antípodas, fossem meridionais, ocidentais ou ambas.[8]

Estas duas questões guardam estreita relação entre si. Efetivamente, dado o caráter excepcional da terra não submersa, era obrigatório supor que quanto mais extensão se atribuísse ao *orbis terrarum*, era menos provável a existência de terras antípodas ou *orbis alterius*, como eram chamadas.[9] Mas, ao contrário, quanto mais reduzida fosse a Ilha da Terra, mais provável era a possibilidade de existência de outras ilhas semelhantes. Esta equação, no entanto, perdeu sua eficácia em vista da complicada situação criada pela possibilidade e, mesmo, pela necessidade de supor que essas remotas e inacessíveis regiões fossem habitáveis e estivessem, de fato, habitadas. O problema, para a ciência antiga, não se apresentou em toda a sua inteireza, porque era desconhecida a exigência de manter a unidade fundamental do gênero humano, de maneira

---

6. *Génesis*, I, ix e x.
7. Estas duas teses são conhecidas com os nomes de mares abertos e comunicáveis e dos mares fechados, respectivamente. Os mais destacados defensores da primeira foram Pátrocles (c. 270 antes de Cristo) e Eratóstenes (c. 276-C. 196) e da segunda, Hiparco (século II antes de Cristo) e Ptolomeu (século II da era Cristã).
8. A hipótese da existência de terras antípodas nasceu da suposta necessidade de que houvessem outras massas de terra não submersas pelo oceano que servissem de contrapeso à Ilha da Terra.
9. Pompônio Mela, *De situ orbis*. I, 4 e III, 7.

que, admitindo que a Ilha da Terra fosse relativamente pequena, era favorecida a possibilidade da existência de terras antípodas, principalmente no hemisfério Sul,[10] aceitando que eram, em parte, habitáveis e que estavam de fato habitadas, mas por uma espécie diferente de homens.[11] É fácil compreender que semelhante solução era inaceitável pelo Cristianismo, não só porque contradizia a ideia dogmática do gênero humano, procedente de um único e original casal, mas porque colocava a dificuldade adicional de que os antípodas (admitindo-se que pudessem ser descendentes de Adão)[12] não poderiam ter tido notícia do Evangelho, o que se opunha ao texto sagrado, segundo o qual os ensinamentos de Cristo e de seus apóstolos haviam chegado aos confins de toda a Terra.[13]

Estas insuperáveis objeções obrigaram Santo Agostinho a negar a existência de regiões antípodas, mesmo na suposição, para ele não comprovada, da esfericidade da Terra, que o levaram a negar que estivessem habitadas no remotíssimo caso de que existissem.[14] A enorme autoridade de que desfrutou Santo Agostinho ao longo de toda a Idade Média, influiu poderosamente nos tratadistas posteriores. É certo, no entanto, que Santo Isidoro de Sevilha admitiu a existência de uma grande terra localizada no

---

10. Trata-se do famoso continente austral chamado Antíctona. A esse respeito veja-se Armand Raineau, *Le Continent Austral*. Paris, 1893.
11. Estrabão, Geografia, I, iv 6; II, v 13, 34 e 43. Tendo em vista que essas terras no oceano estavam habitadas por homens de espécie diferente, o autor, com lógica coerência, insiste que o seu estudo pertencia ao cosmógrafo e não ao geógrafo, pois, nada tinham a ver com a sua ciência. Esta noção é o remoto antecedente conceitual da polêmica sobre a humanidade ou não do índio americano.
12. Para poder supor isso era necessário recorrer à hipótese improvável em que se aventurou Santo Agostinho para explicar a existência de animais nas ilhas remotas depois do Dilúvio, a saber: que anjos os haviam levado a elas. *Cidade de Deus*, XVI, 7.
13. "*Mas digo yo: No han oído? Antes cierto por toda la tierra ha salido la fama de ellos, y hasta los cabos de la redondez de la tierra las palabras de ellos.*" São Paulo, *Romanos*, X, 18. Pedro d'Ailly no Capítulo 7 de seu *Imago Mundi* expressamente cita esse texto como argumento habitual contra a possibilidade de que as terras antípodas estivessem habitadas. Veja-se Edmond Buron, *Imago Mundi de Pierre d'Ailly*, Paris, 1930. Esta edição contém as notas marginais de Colombo.
14. Santo Agostinho. *Cidade de Deus*, XVI, 9.

hemisfério Sul, de acordo com a tradição clássica, como também é certo que negou que estivesse habitada, de maneira que não provocou o conflito que, de outra maneira, teria suscitado.[15] Como veremos oportunamente, o verdadeiro interesse do texto de Santo Isidoro está no fato de que, apesar de considerar inacessível essa terra ao sul do Equador, expressamente a inclui como uma quarta parte do mundo, da mesma maneira que Europa, Ásia e África, as três partes em que tradicionalmente se dividia. Quando, com o renascimento carolíngio e, mais tarde, com a escolástica, foi admitida a noção da esfericidade da Terra, a existência de umas regiões antípodas inacessíveis no Oceano voltou a ser considerada como uma verdadeira possibilidade, conforme revela a popularidade de que desfrutou o *Comentário* de Macróbio e o mapa desenhado para ilustrá-lo.[16] (Fig. 2)

O certo é que as objeções religiosas e evangélicas que temos apontado, impediram sempre a sua franca aceitação.[17] Assim, para evitar esses entraves e ao mesmo tempo absorver a experiência

---

15. Santo Isidoro de Sevilha, *Etimologias*, XIV, v. 17. Migne. *Patrologiae Cursus Completus*. Série Latina, v. 82, col. 512. O texto é como segue: "*Extra tres autem partes orbis, quarta pars* trans *Oceanum interior est in Meridie, quae solis ardore nobis incognita est, in cujus finibus Antipodes fabulose inhabitare produntur.*" Este texto de Santo Isidoro serviu para manter viva a tradição da existência de uma *Terra Australis*. A este respeito é muito importante um mapa desenhado em fins do século IX ou princípios do século X, para ilustrar o *Comentario al Apocalipsis* do Beato de Liébana, escrito no século VIII, e que deu origem a todo um ciclo cartográfico. O original do mapa está conservado na Pierpont Morgan Library. MS. 644. Reproduzido por Lawrence C. Wroth, "*The Early Cartography of the Pacific*", lâmina II. Publicado em *The Papers of the Bibliographical Society of America*, v. 38, N.2, 1944. Também Raban Maur (c. 776-856) apoiou-se no texto de Santo Isidoro para afirmar a sua crença numa *Terra Australis* inacessível, desconhecida e desabitada.
16. Aurélio Teodósio Macróbio (século V ou VI da nossa Era) escreveu um *Comentario al Somnium Scipionis* de Cícero, onde sustentou a existência de outras três grandes ilhas comparáveis ao *orbis terrarum*, habitáveis e provavelmente habitadas por outra espécie de homens. No século X, foi feito um mapa para ilustrar estas ideias, e este também deu origem a um ciclo cartográfico. O mapa foi impresso pela primeira vez em Bréscia, em 1483. *Macrobius, In Somnium Scipionis expositio*. Reproduzido em Nordenskiöld, *Atlas*, lâmina XXXI.
17. Manegold, abade de Marbach, escreveu em 1103 um opúsculo contra Wolfelm: *Magistri Manegoldi. Contra Wolfenum Coloniensem opusculum*. Século XII, pela fé incondicional que este devotava às ideias expostas por Macróbio, que lhe pareciam heréticas.

FIGURA 2. Mapa de Macróbio. Ilustra a hipótese da existência, no hemisfério meridional, de uma enorme massa de terra antípoda. Teodósio Macróbio, "Mapa-múndi", em seu *In Somnium Scipionis* expositio. Bréscia, 1483.

acumulada pelas grandes viagens medievais,[18] surgiu a tese de que a Ilha da Terra era muito maior do que habitualmente se supunha e, para tal fim, foi invocado um texto dos *Libras de Esdras*, segundo o qual a proporção que guardavam entre si a terra seca e o mar era de seis por um.[19] De acordo com esta hipótese, notoriamente sustentada por Roger Bacon (1214-94), transmitida a Colombo pelo cardeal Pedro D'Ailly (1350-1420),[20] o *orbis terrarum* continuava a ser concebido como uma ilha, mas uma ilha na qual, dada a sua extensão, cabiam habitantes que fossem antípodas uns em relação aos outros, mas já sem a dificuldade de ter que supor diferente procedência de origem ou de colocá-los à margem da redenção, pois já não se achavam sem comunicação entre si pelo Oceano.

3. Em fins do século X, esta tese tinha vigência, embora não fosse a única nem a mais autorizada, porque se havia elaborado outra, em certo sentido diametralmente contrária, que veio colocar o dilema, sem cujo conhecimento não se pode entender o paradoxal curso dos acontecimentos subsequentes ao achado de Colombo. De fato, na medida em que, pela peste negra e outras calamidades, foi se perdendo de vista a experiência medieval do Extremo Oriente, que tanto havia ampliado os horizontes geográficos, e na medida em que se retornava à cultura clássica e, sobretudo, às noções da física de Aristóteles, a ideia de que a terra seca ocupava maior extensão que o mar tornava-se inaceitável. Vejamos a coisa um pouco mais de perto.

Vamos lembrar que, de acordo com a doutrina aristotélica dos "lugares naturais", o globo de terra deveria estar totalmente coberto pela esfera de água. Nada mais oposto à tese que fazia do *orbis*

---

18. Para citar apenas os mais notáveis, lembremos as viagens de Juan de Plan Carpin (1245), Nicolás de Ascelin (1247), Guilherme de Rubriquis (1253-54), os irmãos Polo (1260-69) e Marco Polo (1271-95).
19. *Esdras*, liv. IV.
20. Bacon, *Opus Majus*, v. 1, p.16. Tradução de R.B. Burque. Filadélfia, 1928. *O capítulo 8 de Imago Mundi* de Pedro d'Aillly é uma cópia quase textual de Bacon. Colombo, por sua vez, copiou d'Ailly em sua famosa *Carta* de 1498, referente à sua terceira viagem. *Raccolta*, I, ii. 26-40.

terrarum uma imensa ilha. Uma vez mais se voltou, por conseguinte, à ideia de que essa ilha tinha que ser relativamente pequena e uma vez mais foi preciso justificar sua existência. Para isso, os tratadistas recorreram a duas hipóteses. A primeira, já empregada na Antiguidade, consistia em supor que o centro de gravidade da esfera de terra não coincidia exatamente com seu centro de magnitude.[21] Desse modo, sem deslocá-la do centro do universo, se podia entender que uma parte emergira do Oceano. A segunda hipótese, de matiz astrológico, consistia em supor que, por desígnio divino, uma estrela atraia as águas do Oceano, de maneira que, ao produzir uma imensa montanha de mar no lado oposto da Ilha da Terra, esta permaneceria descoberta.[22]

Independentemente do crédito que se dê a uma ou a outra dessas explicações, ambas conduziam ao mesmo ponto, a saber: que a terra não submersa era um fenômeno de exceção e se estabeleceu, quase que por unanimidade, que ocupava aproximadamente uma quarta parte da superfície da esfera, em lugar das seis sétimas partes do cálculo baseado no texto de Esdras.

Quanto à existência de uma ou mais ilhas semelhantes ao *orbis terrarum* em outros hemisférios, sua possibilidade ficou praticamente abandonada, não só porque a sua admissão envolvia uma maior violação ao princípio de que o globo deveria estar totalmente submerso, mas também porque a Ilha da Terra absorvia, ela unicamente, a quantidade de terra seca admitida como possível. Pensava-se, que todo o hemisfério Sul e boa parte do hemisfério

---

21. Simplicius, *In Aristotelis de Coelo commentarii*, II, 14. Edição Karsten, p. 243. Para uma exposição renascentista desta tese, Pedro d'Ailly, *Imago Mundi*, capa. Não obstante isso, Copérnico viu-se obrigado a combater esta tese. *De Revolutionibus Orbium Coelestium*: "De como a terra e a água formam um só globo."
22. Veja-se Roberto Anglicus, *Comentario a Sacrobosco* (1271), Ristoro d'Arezzo, *La composizione del mondo* (c. 1282), Bernardo de Verdun, *Tractatus super Astrologiam* (fins do século XIII ou princípios do XIV), Cecco d'Ascoli, *Comentario a Sacrobosco* (princípios do século XIV), Dante, *Quaestio de aqua et terra* (1320) e Juan Miguel Alberto de Carrara, De Constitutione *Mundi* (fins do século XV). A noção da existência de uma montanha de mar perdurou até o século XVII, e dela já encontramos um eco em Colombo.

Norte eram aquáticos e que, no caso de existirem ilhas no oceano, elas seriam pequenas e não estariam habitadas.

IV
O *orbis terrarum* ou Ilha da Terra

1. Apresentamos o dilema que existia a respeito da distribuição relativa da superfície do globo entre terra e mar. Agora cabe examiná-lo do ponto de vista da navegação para o extremo oriente e, sobretudo, para a Índia, o ímã tradicional da cobiça pelas imensas riquezas que se lhe atribuíam. A viagem podia ser tentada pela via do levante, possibilidade que acarretava a circum-navegação da África, ou então podia ser tentada pelo poente, o que supunha a travessia transatlântica.

Se fosse admitida como mais segura a hipótese da diminuta extensão da Ilha da Terra, o caminho do oriente era o aconselhável, não só pela conveniência nada desprezível de uma navegação costeira, como também pela distância que teria que ser menor do que pela via do ocidente. Todos sabemos que essa foi a decisão dos portugueses quando, sob os auspícios e inspiração do seu príncipe Henrique, o Navegador (1394-1460), lançaram-se em busca da Índia, na crença de que o extremo meridional da África não se estenderia além do Equador.[23]

Se, no entanto, fosse admitida a hipótese mais antiga, que atribuía à Ilha da Terra uma enorme extensão em longitude, a viagem pelo ocidente parecia ser preferível, em que pese o risco de uma travessia oceânica, não só porque a distância entre a Europa e os litorais extremos da Ásia não seria demasiada, mas também porque era duvidoso que o fim meridional da África terminasse ao

---

23. Para um documento cartográfico que ilustra esta ideia, veja-se o mapa do mundo do Atlas de Andrea Bianco, 1436. Referências: Kretschmer, *Portolane*, p. 130-1, N.33. Reproduzido: Nordenskiöld, *Periplus*, p.19.

norte do Equador, segundo indicação de ninguém mais nem menos do que o próprio Ptolomeu.[24] Mas além disso, a ideia de que os extremos oriental e ocidental da Ilha da Terra estavam relativamente próximos tinha, a seu favor, uma antiga tradição, a que se vinculava, entre outros, o nome de Aristóteles.[25] Como todos sabemos, esse foi o projeto proposto por Colombo e que acabou patrocinado pela Espanha.

Em resumo, assim como existia um dilema a respeito da maior ou menor extensão do *orbis terrarum*, existia o dilema correspondente a respeito da maior ou menor distância que separava a Europa da Ásia. A situação, entretanto, não era tão simples. A consequência desfavorável que dava uma extensão relativamente pequena à Ilha da Terra, podia ser mitigada por duas circunstâncias. A primeira consistia na possibilidade real de que o globo terrestre tivesse uma circunferência menor do que era habitual atribuir-lhe. Assim, está claro, o espaço oceânico entre Europa e Ásia se reduziria proporcionalmente. A segunda circunstância consistia na possibilidade, também real, de que fosse muito grande em longitude a Ilha da Terra, sem necessidade de insistir demasiadamente na autoridade de Esdras que, segundo vimos, atribuía à terra não submersa seis sétimas partes da superfície do globo. Este segundo argumento era muito plausível se fosse considerado que Ptolomeu havia deixado aberta a possibilidade de estender para o oriente a longitude do *orbis terrarum*,[26] e pelas notícias de Marco Polo que acrescentavam à Ilha da Terra, por essa rota, as províncias chinesas de Catai e Mangi e um arquipélago adjacente,

---

24. A primeira edição impressa da *Geografia* de Prolomeu com mapas é de Bolonha, 1477, erroneamente datada como sendo de 1462. A edição de Ulm, de 1482, é melhor. O mapa-múndi desta edição está reproduzido em Nordenskiöld, *Atlas,* lâmina XXIX. No *Mapa del mundo. Anônimo genovés,* 1457: E. L. Stevenson, *Genovese World Map,* Nova York, 1912, e no de Fra Mauro, 1459: Nordenskiöld, *Periplus,* p. 62-3, 140-1, a África já aparece como uma enorme península.
25. Henry J. Vignaud registrou em sua *Histoire Critique de la grand entreprise de Christophe Colomb,* Paris, 1911 todos os textos relativos.
26. No mapa de Ptolomeu, o continente da Ásia não aparece completo, está cortado por um meridiano de longitude (180° de longitude leste da geografia ptolomaica), indicando que se prolongava muito além em direção ao oriente.

que continha a grande ilha de Cipango, isto é, o Japão. Em vista disso, até os adeptos da hipótese de um *orbis terrarum* relativamente pequeno tinham que admitir que a ideia de realizar uma viagem da Europa à Ásia pelo ocidente não era uma mera extravagância. Quando, contra todas as expectativas, os portugueses verificaram que as costas da África, longe de terminar ao norte do Equador, estendiam-se além dos trinta graus de latitude sul,[27] a possibilidade daquela viagem se tornou muito mais atraente. Esta é, em termos gerais, a situação em fins do século XV a respeito do antigo anseio de ligar a Ásia à Europa através do Oceano.

2. Para um viajante que fosse tentar a travessia do Atlântico, era de primordial importância não só supor que era factível alcançar o extremo oriente da Ilha da Terra, mas ter também alguma ideia da configuração dos litorais, onde fosse chegar; mas também nisto se colocava um dilema que irá desempenhar um papel absolutamente determinante na interpretação das viagens finais de Colombo e Vespúcio. Vamos considerá-lo com a atenção que merece.

Sabia-se por Marco Polo que a costa asiática fronteiriça à Europa corria de norte a sul, do círculo boreal até o Trópico de Capricórnio.[28] Uma navegação transatlântica à altura da Espanha não podia, pois, senão topar com a massa continental da Ásia. Num ponto próximo ao círculo do trópico, essa massa dobrava para o ocidente; corria um trecho nessa direção, formando assim a costa meridional da província chinesa de Mangi e voltava, em seguida, em direção ao sul. Este último trecho correspondia aos litorais atlânticos de uma península banhada, do lado oposto, pelas águas do Oceano Índico. Mas o dilema a que fizemos alusão consistia em duas possibilidades. Alguns consideravam que essa península se identificava com o famoso Quersonense Áureo da geografia ptolomaica, hoje a Península Malaca, cujo acesso seria

---

27. Viagem de Bartolomeu Dias (1487-88) em que foi descoberto o Cabo da Boa Esperança.
28. Pedra d'Ailly, *Imago Mundi,* cap.15. Anotação 75 de Cristóvão Colombo: *"Debet intelligi quod frons Indie que est versus nos id est Hispaniae se extendit a borea usque in tropico Capricorni."*

pelo extremo sul da Ásia. De acordo com essa concepção, um viajante que, procedente da Europa, quisesse alcançar a Índia, teria que circum-navegar a península para poder passar do Atlântico ao Índico.[29] Esta foi a crença que orientou Colombo nas suas três primeiras explorações.

O outro termo do dilema consistia em aceitar a existência do Querseneso Áureo, mas supunha uma segunda e muito maior península situada antes daquela, de maneira que suas costas orientais seriam banhadas pelo Atlântico e não as do Querseneso Áureo, como queria a hipótese anterior. Pretendia-se, pois, que as duas penínsulas estariam separadas por um golfo formado com águas do Oceano Índico, o chamado *Sinus Magnum* da cartografia antiga.[30] Dessa maneira, para passar do Atlântico ao Índico e poder chegar à Índia, um viajante procedente da Europa via-se obrigado a dobrar o cabo do extremo sul daquela segunda península, mas ninguém podia dizer até que grau de latitude se estendia, supondo-se que, ao contrário do Querseneso Áureo, situava-se além do Equador.

Como se tinha informação segura da possibilidade da passagem para o Oceano Índico, pois Marco Polo teve que utilizá-la em sua navegação de regresso à Europa, a ninguém escapará a importância fundamental do dilema que acabamos de registrar, se não se esquecer de que a meta de Colombo e de todos os exploradores que o seguiram de perto era, precisamente, chegar à Índia. Para distinguir com facilidade os dois termos do dilema, vamos buscar

---

29. Assim aparece o litoral atlântico da Ásia nos citados mapas *Anónimo genovés,* de 1457, e Fra Mauro, de 1459. Vide nota 24.
30. Esta tese, que postulava uma península adicional, encontrou sua expressão cartográfica no famoso Globo de Martín Behaim, 1492 (E.G.Ravenstein, *Martin Behaim: his Life and his Globe,* Londres, 1908) e no Mapa do Mundo de Henricus Martellus Germanus, 1489-92. (Nordenskiöld, *Atlas,* p. 57 e *Periplus,* p. 128). Para uma explicação da origem desta tese, Lawrence C. Wroth, *"The Early Cartography of the Pacific",* op.cit., nota 15. A este respeito é interessante, como um passo intermediário, o mapa-múndi da Biblioteca da Universidade de Leyden (entre 1482 e 1488), onde ainda se procura salvar a noção ptolomaica do Oceano Índico como um mar fechado. Buron, *Imago Mundi, III,* làmina XXIV.

em apoio da primeira opinião a tese da península única e, da segunda, a tese da península adicional. (Fig. 3)

3. A imagem da configuração geográfica dos litorais atlânticos da Ásia, ou se se prefere, do extremo oriental da Ilha da Terra, completa-se com a informação da existência de um nutrido arquipélago adjacente, cuja ilha maior é o Japão, o Cipango da geografia de Marco Polo, particularmente rico em pedras preciosas.[31] Por último, acreditava-se na existência de ilhas atlânticas situadas a distâncias indeterminadas a ocidente da Europa, dentre as quais, a Ilha Antilha e seu arquipélago era a mais destacada.

V
O ecúmeno ou mundo

Por motivos que se tornarão claros no que diremos adiante, a palavra "mundo" emprega-se como sinônima de universo e também de globo terrestre. Trata-se, no entanto, de conceitos diferentes, cujos sentidos vamos esclarecer.

A ideia de universo inclui a totalidade de tudo quanto existe; o conceito de globo terrestre refere-se ao nosso planeta mas, na época considerada, referia-se à massa de matéria cósmica mais pesada, porque nela prevalecia a essência ou o elemento terra.[32] O mundo não é, primariamente, nem uma coisa nem outra. É, antes de tudo, a morada cósmica do homem, sua casa ou domicílio no universo, antiga noção que os gregos definiram com o termo ecúmeno. O mundo, pois, certamente supõe um sítio e uma determinada extensão, mas seu traço definidor é de natureza espiritual. Vejamos, então, o fundamento que se dava a essa noção

---
31. Marco Polo, *Viajes*, III, 2.
32. A ideia de que a terra e a água formavam um só globo e não duas esferas concêntricas já se encontra em Estrabão, *Geografia*, II, v. 5, e em Sêneca, *Quaestionum Naturalium, Libri Septem*, III, 28.

dentro do sistema geocêntrico do universo e em quais limites era entendida em fins do século XV.

1. Desde a Antiguidade e ao longo da história da cultura ocidental, salvo em época muito recente, pensava-se que o mundo, o domicílio cósmico do homem, situava-se exclusivamente sobre a Terra. A ciência antiga e o pensamento cristão coincidiram ao pensar que a razão fundamental dessa exclusividade consistia numa identidade material, isto é, como o corpo humano era essencialmente terra,[33] esse era o seu elemento próprio, de sorte que a massa cósmica em que predominava aquela essência vinha a ser o "lugar natural" da vida humana, o único lugar do universo em que o homem podia viver em razão de sua própria natureza.

Isto no que diz respeito ao fundamento científico e religioso do conceito de mundo. Mas esse princípio padecia, de fato, de uma primeira e óbvia limitação, pois somente a terra não submersa pelas águas do Oceano podia abrigar o mundo. Não era essa, porém, a única restrição, porque só uma porção da terra não submersa estava apta para domicílio do homem, o chamado orbis terrarum ou Ilha da Terra, qualificada de "nossa terra" para diferenciá-la de "outras terras" ou *orbis alterius*, que pudessem existir no Oceano.[34] Já dissemos que mesmo na suposição de que esses outros orbis estivessem habitados, seria por seres que não se enquadravam no gênero humano. Tratava-se literalmente de "outros mundos", cujo conhecimento, segundo declaração de Estrabão, cabia aos cosmógrafos, por não terem nada a ver com a geografia.[35]

Por último, nem sequer toda a Ilha da Terra era adequada para abrigar o mundo, porquanto partes dela eram consideradas inabitáveis, mas não no sentido relativo que hoje atribuímos a esse termo quando, por exemplo, falamos de um deserto ou de um pântano, mas num sentido absoluto. Eram regiões nas quais se supunha que reinavam certas condições cósmicas que o homem

---

33. Nesta noção coincidiam a física antiga e a crença na afirmação bíblica de que Deus fez o homem com terra. *Gênesis,* II, 7.
34. Estrabão, Geografia, II, v.6 e v.34 e Pompônio Mela, *De Situ orbis,* I, 4 e III, 7.
35. Vide nota 11.

não poderia jamais alterar ou remediar, porque dependiam da própria estrutura do universo.

A teoria clássica a esse respeito originou-se em Parmênides, segundo afirmação de Possidônio, mas foi Aristóteles quem, com sua enorme autoridade, deu-lhe o caráter definitivo.[36] Trata-se da famosa divisão do globo terrestre de acordo com as cinco zonas do céu, a saber: as duas polares, as duas temperadas e a intermediária, chamada zona tropical, tórrida ou quente. Houve na Antiguidade tentativas de modificar esse esquema,[37] mas o certo é que se manteve como o mais adequado, tanto do ponto de vista astronômico quanto do geográfico. Mas o que nos importa sublinhar é a suposição de que eram unicamente habitáveis as zonas temperadas, as compreendidas entre os círculos árticos e os círculos dos trópicos, e já que a Ilha da Terra achava-se localizada no hemisfério Norte, a extensão geográfica do mundo ficava confinada unicamente àquela porção do *orbis terrarum* compreendida dentro da zona temperada setentrional. Tratava-se de uma faixa da Ilha da Terra limitada ao norte e ao sul pelas supostamente intransponíveis barreiras dos círculos do Ártico e do Trópico de Câncer, respectivamente, e ao levante e ao poente, pelos litorais oceânicos da ilha.[38]

2. Tratemos, agora, da concepção cristã do mundo que se não superou o sentido limitado da concepção antiga do ecúmeno, ao menos introduziu uma modalidade importante, que abriu caminho para a sua derrogação em época posterior.

Recordemos brevemente o velho mito bíblico: Deus criou Adão da terra e lhe deu por morada o Paraíso Terrestre, um horto de delícias onde haveria de habitar ao abrigo das inclemências e

---

36. Estrabão, *Geografia*, II, ii. 2. Segundo este texto, Parmênides atribuía à zona tórrida uma extensão que ultrapassava a compreendida entre os círculos dos trópicos, mais tarde fixados por Aristóteles como seus limites verdadeiros.
37. Possidônio dividiu a esfera em sete zonas e Políbio, em seis. Veja-se Estrabão, *Geografia*, II, ii. 3.
38. Estrabão, *Geografia*, II, ii. 13. Eratóstenes e Políbio acreditavam que o ar, no círculo equatorial, era mais temperado do que nas duas zonas tórridas, colocadas de ambos os lados.

livre de fadigas, pois tudo o que a sua vida requeria se lhe dava ali com perfeição e abundância.

Este era o mundo original do homem. Mas, por incitação da mulher, pecou nosso primeiro pai e por sua desobediência incorreu na vergonha e na morte carnal; perdeu, ao perder a sua inocência, o privilégio de ocupar o palácio que Deus lhe havia preparado, de modo que o mundo deixou de estar abrigado naquele horto de delícias, ao ser transferido para um ermo de fadigas. Deus amaldiçoou a terra e Adão, expulso do Paraíso, ficou com o ônus de viver à custa do seu esforço e do suor do seu rosto. Inicia-se, assim, o grande drama da história universal. Tal era a debilidade da carne e tão ineficaz o castigo que Jeová, arrependido de haver criado o homem, deliberou destruí-lo desde que sobrasse um alento de vida sobre a terra. Assim o fez e, uma vez mais, como nos primeiros dias da Criação, as águas cobriram toda a terra. Tudo pereceu, salvo os poucos privilegiados moradores da arca de Noé, esse mundo provisório e flutuante em que, pela piedade divina, salvou-se a semente da humanidade. Mas Jeová, sabedor de que a maldade era vício incurável da carne, fez pacto com ela de não destruir jamais a terra nem maldizê-la e, retirando-a pela segunda vez do abismo das águas, entregou-a a Noé para que, à sua custa e risco, tomasse posse dela na medida em que fosse frutificando e multiplicando a sua descendência.[39]

Eis aqui o segundo mundo, o do homem caído, o do homem histórico e, enquanto perdurou em seu estado de inocência, não se pode dizer que tenha tido história propriamente dita. Este segundo mundo já não se abriga, como o primeiro, num protegido horto de delícias e abundâncias, mas num inclemente vale de lágrimas, mas – e isto é decisivo – trata-se agora de um mundo aberto, de um mundo concebido como possível de ser possuído e ampliado na medida em que o homem, pelo seu próprio esforço e engenho, fosse impondo à Terra as condições requeridas para

---
39. *Gênesis*, I-IX.

fazê-la habitável, isto é, na medida em que a fosse transformando para seu benefício próprio e, por conseguinte, alterando nada menos do que a obra da criação divina. Este é o profundo significado do velho mito bíblico: o homem, enquanto persevera no seu estado de inocência original, não é responsável pelo seu mundo nem tem consciência de si próprio, mas ao ganhar essa consciência, patente pela primeira vez na vergonha da sua nudez, sabe-se mortal, isto é, transfigura-se num ente histórico e, como tal, recai sobre ele a tremenda tarefa de trabalhar o seu mundo ao ir transformando a Terra e, no limite, o universo inteiro, alheio ao homem enquanto criação de Deus e unicamente para Deus. Foi assim que o Cristianismo introduziu no âmbito da cultura greco-romana superveniente a noção fundamental do homem como responsável e inventor do seu mundo ou, se prefere-se, da sua própria vida e do seu destino.

Mas se é certo que uma noção tão decisiva se encontra implícita no mito da expulsão do Paraíso e quase explícita no da repartição do mundo entre os filhos de Noé, não é menos certo que não pôde penetrar no pensamento medieval enquanto predominou aquilo que Augusto Comte chamou espírito teológico, de modo que permaneceu como uma semente destinada a florescer até o advento da ciência e da técnica modernas. Como, inicialmente, os pais da Igreja e, depois, os doutores e teólogos medievais unicamente viram no homem histórico a criatura caída em desgraça, entendendo a queda como um merecido e duro castigo em que ela incorreu pela culpa original, eles não puderam ou não quiseram ressaltar a sua possibilidade de transformar o universo em mundo. Assim, o que para o homem moderno significa a sua maior marca de glória, a paulatina e ousada conquista da realidade universal, representou para o cristão medieval apenas o claro sintoma da miséria da condição humana. Entretanto, a despeito desse aspecto negativo, a Cultura Cristã entendeu o mundo não como um processo transformador do universo, mas como um processo de tomada de posse da Terra.

Constata-se assim o grande passo que significou semelhante maneira de entender o mundo em relação à antiga porque, desse modo, os confins do mundo se confundiam, em princípio, com os limites geográficos do *orbis terrarum* e, potencialmente, estendiam-se além, no caso de que houvesse outras terras não submersas pelo Oceano. Estas possibilidades, consequentemente, colocavam em crise as antigas noções de zonas de si inabitáveis e de que as terras antípodas constituíam literalmente "outros mundos". Explica-se assim, a peculiar fascinação que exerceu na alta Idade Média o *Comentário* de Macróbio, em que se afirmava a existência de três grandes ilhas comparáveis ao *orbis terrarum,* e se entende porque Santo Isidoro de Sevilha pôde conceber como "quarta parte do mundo" uma hipotética terra situada no hemisfério Sul, antecipando, como se verá, a fórmula em que a América foi originalmente concebida.

3. Seria um erro, no entanto, pensar que a ideia do mundo como processo de posse da Terra conseguiu prevalecer cabal e plenamente sobre a concepção estática do pensamento antigo, pois, com o advento do aristotelismo escolástico, as noções clássicas ganharam nova vida no interior da ciência medieval. De fato, com a aceitação do sistema geocêntrico do universo, impôs-se a teoria das zonas inabitáveis respaldada na autoridade de luminares da grandeza de Alberto Magno e Roger Bacon. Assim, a partir do século XIII, aparece um surdo conflito entre a visão clássica do mundo e a que podemos chamar de visão patrística, apoiada principalmente em fontes bíblicas. Em fins do século XV, esse conflito criou uma situação ambígua, caracterizada por dois traços fundamentais: de uma parte, existia uma corrente de opinião oposta à velha doutrina das zonas inabitáveis, no sentido absoluto que se dava ao termo, tanto mais quanto era invocada a experiência como argumento decisivo. A este respeito pode-se citar o próprio Colombo, que foi, como sabemos, quem redigiu um memorial para mostrar que todas as zonas eram habitáveis.[40] Mas, de outro

---

40. Cristóvão Colombo, *Memoria o anotación para probar que las cinco zonas son*

lado, a ideia dinâmica do mundo como processo de ocupação e posse da Ilha da Terra e, em princípio, de outras ilhas semelhantes que pudessem existir, sofreu um eclipse diante do deslumbramento da supersticiosa veneração com que se recebia tudo quanto procedesse da Antiguidade clássica. Este conflito é importante para entender as dificuldades conceituais que o achado de Colombo provocou e porque foi necessário um longo esforço intelectual para desenterrar e atualizar a noção de "quarta parte do mundo", concebida no século IV por Santo Isidoro de Sevilha.

O resultado imediato daquela oposição de tendência foi chegar a uma solução eclética, que sacrificou à ideia dinâmica de mundo, implícita no mito bíblico, mas em troca não a atou o absolutismo da antiga doutrina da inabitabilidade de certas zonas da terra. Assim, o mundo foi concebido como abarcando a totalidade do orbis terrarum ou Ilha da Terra, independente mente do fato de não se conhecê-la em toda a sua magnitude apesar de que, em parte, ficasse compreendida dentro das zonas ártica e tórrida, mas sem a consciência do caráter provisório desses limites, correspondentes apenas a uma etapa do processo de posse por parte do homem de províncias cada vez maiores do universo real.

4. Agora que já temos uma ideia satisfatória da concepção do mundo, seja na Antiguidade, seja no Cristianismo, e da situação eclética que a esse respeito predominava em fins do século XV, convém considerar o fundo subjacente a ambas concepções, como requisito para nos dar conta da profunda mudança que implicou o aparecimento da América, como instância de libertação do homem a respeito da sua relação com o universo.

Lembremos-nos de que o "lugar natural" do homem era a Terra e que somente nela poderia estar o mundo. Mas se isso era assim, o restante do universo real tinha necessariamente que ser concebi-

---

habitables. (c. 1490). O texto deste escrito se perdeu, mas sabemos que existiu por informação de Fernando Colombo (*Vida,* cap. 4) e do padre Las Casas (*Historia,* I, 3). Vejam-se, também, as anotações de *Imago Mundi,* 16, 33, 40, 41 e 234 e de *Historia rerum ubique gestarum,* 2, 22 e 24.

do como algo constitutivamente estranho e alheio ao homem; algo que nunca e por nenhum motivo podia chegar a ser parte do mundo, mas, ao contrário, era o que punha limites insuperáveis e o enclausurava de um modo absolutamente definitivo. Isto se apresenta de uma maneira peculiarmente estranha para nós como forma de conceber o Oceano. De fato, o Oceano exemplificava de forma tangível e espetacular a hostilidade e a singularidade da realidade cósmica e, enquanto limite da Ilha da Terra, não pertencia ao mundo e, portanto, não era considerado suscetível de posse jurídica ou objeto para o exercício da soberania dos príncipes.

Mas isso não era tudo, pois o Oceano, além de ser o limite cósmico do mundo, representava uma ameaça permanente, pois, em princípio, deveria cobrir a totalidade da superfície do globo terrestre. A existência do mundo, consequentemente, estava condicionada a uma recomposição da ordem universal e a Ilha da Terra que o abrigava era, nesse sentido, uma espécie de mancha no corpo imaculado do cosmos. Consistia, por assim dizer, numa injustiça que a natureza tolerava ou, no caso do Cristianismo, numa benévola concessão do Criador. Deus, com efeito, havia derrogado, pela sua Providência, as leis impostas à matéria para permitir ao homem um lugar onde pudesse viver, mas um lugar concedido, não para a consecução dos fins particulares do próprio homem, mas para os fins que Ele estabeleceu ao criá-lo. O mundo, por conseguinte, não era do homem e para o homem, mas de Deus e para Deus, de maneira que o homem vivia no mundo como um inquilino ou servo que habitava uma parcela que lhe havia sido graciosamente concedida, mas da qual não podia se servir como coisa sua, pois não a havia feito.[41] O homem, pois, não só era prisioneiro do seu mundo, mas um prisioneiro que nem sequer podia considerar seu o seu cárcere: recebe tudo já feito e de nada pode se servir como coisa própria.[42]

---

41. *Salmos*, CXV, 16.
42. Para um exame do significado filosófico destes sentimentos que acompanham a antiga concepção do mundo, veja-se Juan David Garcia Bacca, *Antropología filosófica contemporánea*. Caracas, 1957.7

Este sentimento de enclausuramento e de impotência, subjacente à concepção do mundo própria da época em que se inicia o processo ao qual denominei *Invenção da América*, permite-nos compreender a fundo a razão essencial e anterior à toda racionalização científica da antiquíssima imagem insular do mundo.[43] Não é casualmente que a palavra *insula* tenha tido o significado de casa oferecida em aluguel nem que *insularum domini* e *insularius* tenham sido empregados como termos para designar o proprietário e o inquilino, respectivamente, e também, a última palavra, para significar criado ou servo, encarregado de cuidar de casas de aluguel.

A ninguém escapará uma consequência óbvia das considerações anteriores, a saber: que a ideia que o homem forma a respeito de seu mundo depende da ideia que o homem tenha de si mesmo e que, portanto, o concebe à sua imagem e semelhança. Podemos, portanto, verificar que desde que o homem se imaginou a si mesmo, seja como animal inalteravelmente definido por sua natureza, seja como criatura à qual se lhe impuseram fim e destino que transcendem a sua vida, isto é, desde que o homem se imagina como algo feito para sempre, de acordo com um modelo prévio e inalterável, terá que imaginar que seu mundo tem a mesma inabalável estrutura ou natureza. Mas se o homem se imagina, não como definitivamente feito mas como possibilidade de o ser, o universo em que se encontra não lhe parecerá como limite intransponível e realidade alheia, mas como um campo infinito de conquista para fazer seu mundo, como um produto de seu esforço, de sua técnica e de sua imaginação. Longe de ser uma ilha cingida pelo ameaçador Oceano, o mundo será terra firme, com permanente fronteira de conquista. Será, pois, um mundo em vias de se fazer, será sempre um mundo novo.

---

43. Em Homero, como todos sabem, a Terra é uma ilha rodeada pelo Rio Oceano. O Museu Britânico possui uma estela babilônica do século V antes de Cristo, em que aparece essa arcaica representação da Terra. Acredita-se que se trata do mais antigo testemunho cartográfico que chegou até nós.

Agora, bastará lembrar que as terras, cuja existência Colombo começou a mostrar, acabaram por ser imaginadas como um "novo mundo", para se presumir que esse acontecimento funcionou como motivação para essa mudança que acabamos de destacar. O problema que se coloca é tratar de esclarecer historicamente como se chegou à ideia de um novo mundo, no âmbito de um mundo que não admitia semelhante possibilidade. É essa a questão que trataremos de resolver no item seguinte.

5. Antes de embarcar nessa aventura, devemos acrescentar mais um traço no esquema que estamos esboçando para descrever o horizonte cultural em que se inicia a empresa colombiana. Referimo-nos ao que se pode chamar de estrutura histórica do mundo, conforme se imaginava naquela época. De fato, o mundo não era entendido como um todo homogêneo; ao contrário, pensava-se que estava dividido em três partes de extensão desigual, mas principalmente de natureza histórica diferente. Aludimos à chamada divisão tripartida que estruturava, em ordem hierárquica ascendente, a África, a Ásia e a Europa, esta última a mais perfeita por sua natureza e espiritualmente privilegiada. Esta famosa divisão do mundo tem antecedentes remotos na Cultura Clássica, como atesta Heródoto, que já fala dela como uma noção consagrada pelo uso. O Cristianismo adotou-a como sua ao lhe atribuir um fundamento próprio no relato bíblico da repartição da Terra entre os três filhos de Noé. Veremos, oportunamente, o papel decisivo que desempenhará essa antiga divisão no processo que passamos a descrever em seguida.

TERCEIRA PARTE

O PROCESSO DE INVENÇÃO DA AMÉRICA

Somente o que se idealiza é o que se vê;
mas o que se idealiza é o que se inventa.
Martim Heidegger:
Aus der Erfahrung des Denkens, 1954.

I

No sistema do universo e na imagem do mundo que acabamos de esboçar, não existe nenhuma entidade que tenha o ser de América, em nada dotada desse particular sentido ou significação. Real, verdadeira e literalmente a América, como tal, não existe, apesar da existência da massa de terras não submersas que, no decorrer do tempo, acabará por lhe atribuir esse sentido, esse significado. Colombo, pois, vive e atua no âmbito de um mundo em que a América, imprevista e imprevisível, era, em todo caso, mera possibilidade futura, mas da qual, nem ele nem ninguém tinha ideia, nem poderia tê-la. O projeto que Colombo submeteu aos reis da Espanha não se refere, pois, à América, tampouco às suas quatro famosas viagens, como veremos. Mas se é assim, não vamos incorrer, agora que estamos a ponto de nos lançar com Colombo em sua grande aventura, no equívoco de supor, como é habitual, que ainda que ignorasse, "em realidade" ele cruzou o Oceano em busca da América e que "em realidade" chegou a suas praias, onde tanto batalhou e sofreu. As viagens de Colombo não foram, nem poderiam ser, *"viagens à América"*,[1] porque a interpreta-

---

1. É habitual apresentá-las assim. Veja-se, por exemplo, Morison, *Admiral of the Ocean Sea.* I, p. 201 e II, p. 47, 219, 307.

ção do passado não tem, nem pode ter, como as leis justas, efeitos retroativos. Afirmar o contrário, proceder de outro modo, é despojar a história da luz com que ilumina seu próprio devir e privar as façanhas da sua profunda dramaticidade humana e de sua não menos profunda verdade pessoal. Diametralmente diferente, pois, da atitude que adotam todos os historiadores que partem do principio de uma América à vista, já plenamente feita, plenamente constituída, vamos partir de um vazio, de uma América ainda não existente. Compenetrados desta ideia e do sentimento de mistério que acompanha o início de toda aventura verdadeiramente original e criadora, passemos a examinar, em primeiro lugar, o projeto de Colombo.

II

O projeto de Colombo é de uma simplicidade dórica: pretendia atravessar o Oceano na direção do ocidente para, a partir da Espanha, alcançar os litorais extremos orientais da Ilha da Terra e unir, dessa forma, a Europa à Ásia.[2] Como é óbvio e já exposto, este acontecimento nada teria de novo e sabemos em que noções estava fundamentada a possibilidade de realização de semelhante viagem. Convém recordá-las brevemente.

A forma esférica que, de acordo com a física de Aristóteles, compreendia o conjunto das massas de água e de terra, é a premissa fundamental: tratando-se de um globo, um viajante poderia, em principio, chegar ao oriente do *orbis terrarum* navegando para o ocidente. O único problema era, pois, saber se a viagem seria realizável, em razão dos meios com os quais se contavam. Colombo

---

2. Ao aceitar o objetivo asiático da empresa de Colombo, nós o fazemos com pleno conhecimento das polêmicas suscitadas a respeito. Muitos anos de debates resultaram numa prova irrefutável em favor da verdade desse objetivo. De qualquer maneira, a questão carece de importância para nós porque, para a compreensão do processo que vamos reconstruir, é indiferente que Colombo tenha imaginado haver chegado à Ásia depois de ter achado terra, pois nisso consiste a tese dissidente.

convenceu-se pela afirmativa, aproveitando a indeterminação que havia sobre o tamanho do globo terrestre e da dimensão da Ilha da Terra.[3] Assim, apoiando-se no dilema que havia sobre esses dois fatos, acabou por se convencer de que o globo era muito menor do que habitualmente se aceitava e de que o *orbis terrarum* era muito maior do que se pensava. A consequência dessas duas suposições é óbvia: quanto maior fosse a dimensão da Ilha da Terra e menor a circunferência do globo, mais curto seria o espaço oceânico que se teria a percorrer.

Sabemos que, em sentido restrito, nenhuma dessas suposições constituíam disparates científicos. A verdade, no entanto, é que Colombo exagerou tanto na sua avaliação a respeito da pequenez do globo, no seu afã de se convencer e de convencer aos outros, que seus argumentos foram mais prejudiciais do que favoráveis ao seu intento. Para o homem bem informado da época, a única coisa a merecer verdadeira consideração era a possível proximidade das costas atlânticas da Europa e da Ásia mas, mesmo assim, o projeto parecia ilógico pelo muito que obrigava a alongar a extensão da Ilha da Terra, para torná-lo plausível. A opção dos portugueses em favor da rota oriental não obedecia, pois, a um mero capricho e seu único grande risco consistia em que as costas da África não terminavam, como se supunha (Fig. 2), acima do Equador.[4]

Esta situação explica, por si só, a resistência que Colombo encontrou no patrocínio da empresa que propunha. Não é muito difícil, sem dúvida, compreender os motivos que levaram os reis católicos a decidir apoiá-la. Em primeiro lugar, a rivalidade com Portugal, acentuada pelo achado do Cabo da Boa Esperança, permitiu ao projeto de Colombo um apoio inesperado. Parece óbvio que Fernando e Isabel acederam aos insistentes pedidos de Colombo, com a esperança do jogador que, confiando num extraordinário golpe de sorte, decide aceitar um convite arriscado. Era muito pouco o que se poderia perder e muitíssimo o que se

---

3. Segunda Parte deste livro, III, 1 e 2.
4. *Ibid.* IV, 1.

poderia ganhar. Isso explica, além do mais, que a Coroa, já decidida a tentar fortuna, aceitara as exorbitantes pretensões de remuneração de Colombo.

Em segundo lugar, a concordância em aceitar o patrocínio da empresa foi estimulada pela possibilidade de se obter para a Espanha alguma ou algumas ilhas que a cartografia medieval situava no Atlântico e que nada tinham a ver com o suposto arquipélago próximo das costas da Ásia.[5] Tal possibilidade parece explicar, pelo menos parcialmente, o motivo de as capitulações assinadas por Colombo (Villa de Santa Fé de Granada, 17 de abril de 1492) apresentarem a empresa como uma mera exploração oceânica que, certamente, não teria porque excluir o objetivo asiático.[6] Nessa particularidade do célebre e discutido documento fundamenta-se, a nosso ver, um motivo a mais que reforça a decisão dos reis da Espanha, que não se tem dado a atenção merecida, a saber: o desejo e a oportunidade de realizar um ato de soberania nas águas do Oceano, coisa nessa época totalmente inusitada. De fato, o verdadeiramente extraordinário das capitulações não consiste no fato de nelas não aparecer, de modo expresso, a finalidade asiática da viagem, mas de aparecer de maneira explicita uma declaração do domínio espanhol sobre o Oceano, pretensão extravagante pelos motivos que indicaremos oportunamente.[7]

Todas essas considerações não estão animadas pelo desejo de tomar partido numa das mais inflamadas polêmicas da historiografia colombiana, que em nada nos afeta.[8] Faziam falta, sim, para descrever a situação inicial, porque ao indicar o contraste entre a confiante atitude de Colombo e a precavida posição da Coroa, já se faz patente a discrepância que desencadeará o desenvolvimento futuro dos acontecimentos. A situação deve ser vista mais ou menos

---

5. *Ibid.* IV, 3.
6. O texto deste famoso documento está em Navarrete, *Colección*, II, v.
7. Segunda Parte deste livro, V. 4. Nas *Capitulaciones* (Navarrete, *Colección,* II, v) Fernando e Isabel se deixam ostentar como "senhores que são", diz o texto, "dos referidos mares oceanos" e enviam Colombo para os explorar, prometendo torná-lo almirante deles.
8. Vide nota 2.

assim: ali está, pleno de possibilidades ignoradas, o projeto da empresa como uma seta no arco vergado. Dois espectadores cheios de interesse contemplam o acontecimento de pontos de vista parcialmente coincidentes e parcialmente diferentes. Quando se fizer o disparo, será desatado o nó de possibilidades e, necessariamente, os dois espectadores compreenderão seus resultados de modos ligeiramente diferentes. Trava-se o diálogo e, pouco a pouco, entre coincidências e dissidências, ilusões e desenganos, irá sendo perfilada uma nova e surpreendente versão dos acontecimentos. Agora, Colombo tem a palavra.

III

Na multissecular e alucinante história das viagens que realizou o homem sob impulsos e pressões as mais diversas, a que empreendeu Colombo em 1492 brilha com um esplendor particular. Não apenas admiraram a ousadia, a imensa habilidade e a fibra do célebre navegante, como também o inesperado desenlace acrescentou tanto brilho ao legítimo assombro, que a façanha converteu-se no mais espetacular dos acontecimentos históricos. Um belo dia, assim se costuma relatar o acontecimento, por obra de inexplicada e inexplicável premonição profética, de magia, ou de milagre, ou do que quer que seja, o rival de Ulisses na fama, o príncipe dos navegantes e descobridor por antonomásia, revelou ao mundo atônito a existência de um imenso e imprevisível continente chamado América, mas sobre o qual admite-se que nem Colombo nem ninguém sabia o que era. Provavelmente é uma desgraça mas, na história, as coisas não acontecem dessa maneira, de sorte que, por espantoso que pareça, o velho e manuseado conto da primeira viagem de Colombo não foi relatado ainda como deveria ser, em que pese a avalanche bibliográfica que o sufoca. Fica para outra ocasião tentar fortuna a esse respeito, porque a economia que temos nos imposto obriga somente a considerá-lo no delineamento de seu significado histórico e, para isso, nos limitaremos a examinar o conceito formulado por Colombo do seu achado e a atitude que observou durante toda a exploração, isto é, vamos tratar de compreender o sentido que o próprio Colombo atribuiu ao acontecimento e não o sentido que posteriormente houveram por bem atribuir-lhe.

Não há necessidade de se preocupar com citações documentais porque ninguém ignora o que ocorreu: quando Colombo avistou terra, na noite entre os dias 11 e 12 de outubro de 1492, teve a certeza de haver chegado à Ásia, ou mais precisamente dizendo, aos litorais do extremo oriente da Ilha da Terra. Tratava-se então, certamente, de apenas uma ilha pequenina, mas uma ilha, imagina, do farto arquipélago junto às costas do *orbis terrarum*, sobre o qual havia escrito Marco Polo, ilha à qual vinham, segundo se dizia, os servidores do Grande Kan, imperador da China, para adquirir escravos e, certamente, vizinha da celebérrima Cipango (Japão), rica em ouro e pedras preciosas. Colombo se propôs localizar esta última no dia seguinte ao da sua chegada.[9] Em suma, sem necessidade de mais provas do que a de haver encontrado a ilha onde a encontrou e, o que é mais importante, com a circunstância de estar habitada, Colombo acreditou ter chegado à Ásia.

Mas o que é verdadeiramente extraordinário para nós não é que Colombo tenha se convencido de que estava nas proximidades da Ásia quando, a bordo da nau capitânia, contemplou as esmeraldinas margens daquela primeira ilha que lhe entregou o Oceano, mas sim a circunstância de ter mantido essa crença durante toda a exploração, apesar de não ter comprovado nada do que esperava, isto é, que comprovasse sua crença de maneira indubitável. A esse respeito também não é necessário juntar provas textuais. Já se sabe: em tudo e em todas as partes, Colombo via a Ásia, as remotas regiões da Ilha da Terra, que uma tradição multissecular vinha pintando em tão belas e alucinantes cores e que a cobiça do navegante acumulava de riquezas nunca sonhadas de ouro, pedras preciosas, especiarias e outros produtos naturais do mais alto preço.

---

9. *Diario del primer viaje de Colón, Raccolta,* I, i e Navarrete, *Colección* I, 1.

A rudeza e a nudez dos povoadores naturais, a absoluta ausência de cidades e de palácios que deveria ter encontrado e que inutilmente procurou, a circunstância de que o ouro só brilhava no rumor das falsas notícias que lhe davam os indígenas e o fracasso repetido na tentativa de localizar, primeiro Cipango e depois o Grande Kan, em nada abalaram sua fé: havia chegado à Ásia, estava na Ásia e da Ásia voltava e desta convicção nada nem ninguém o fará retroceder até o dia de sua morte.

Eis aqui, pois, a situação: Colombo não apenas acreditou que havia chegado ao outro extremo da Ilha da Terra, quando deu com a primeira terra, mas também tudo quanto verificou durante a exploração foi interpretado por ele como prova empírica dessa crença. Para um homem de outra formação mental, a reiterada ausência dos indícios previstos em suas especulações deveria, pelo menos, ter semeado a dúvida. Em Colombo, observa-se justamente o contrário: nada o abala na sua fé. Do desengano, consideremos por acaso, ao não encontrar a opulenta cidade que estaria, segundo ele, na virada de um promontório avistado ao longe, brota não a desilusão, mas a esperança renovada de encontrá-la atrás do próximo cabo e quando se torna insustentável mantê-la, acorre ágil e consoladora em sua mente uma explicação qualquer, um pretexto que deixa a salvo sua crença. O favorável e o adverso, o branco e o negro, tudo é a mesma coisa; tudo é alimento, nada é veneno, pois, dócil ao desejo, a realidade se transfigura para que brilhe suprema a verdade acreditada. Bem o descreve Bartolomeu de Las Casas quando, admirado diante da credulidade do almirante (já se pode assim chamar Colombo) qualifica de *"cosa maravillosa como lo que el hombre mucho desea y asienta una vez con firmeza en su imaginación, todo lo que oye y ve, ser en su favor a cada paso se le antoja"*.[10] Esse e exatamente o caso de Colombo; esta e a chave para penetrar o íntimo drama da sua vida; é esse o clima espiritual que regula toda sua atividade futura e que alimenta as esperanças de glória e de riqueza que concebeu naquele dia de outubro quan-

---
10. Las Casas, *Historia*, I, 44.

do, ao perceber a pequena ilha a que chamou de San Salvador, convenceu-se para sempre de sua vitória.

IV

Agora que sabemos o que pensou Colombo sobre as terras que encontrou e a atitude que observou a esse respeito, devemos tratar de verificar que sentido tem uma coisa e outra ou, se prefere-se, qual é o significado conceitual da viagem de 1492.

A resposta a esta pergunta não é difícil se submetermos os dados com que contamos a uma pequena análise.

Em primeiro lugar, vejamos que tipo de operação mental realizou Colombo. Pois bem, se pensou que havia chegado ao extremo oriente da Ilha da Terra, unicamente pelo fato de ter encontrado terra habitada no lugar onde a encontrou e não por nenhum outro indicio irrefutável, sua ideia não passa de mera suposição, ou para dizê-lo com um termo mais técnico, não passa de uma *hipótese*.

Mas, em segundo lugar, qual é o fundamento dessa suposição ou hipótese? Isto é, por que pôde Colombo supor que havia chegado ao extremo oriental da Ilha da Terra, pelo único fato de ter encontrado uma terra habitada no lugar onde a encontrou? A resposta é óbvia: Colombo pôde supor isso porque a imagem que previamente tinha sobre a dimensão da Ilha da Terra tornava possível essa suposição. Estamos, portanto, diante de uma hipótese, mas uma *hipótese a priori*, isto é, fundada não numa prova empírica, mas numa ideia prévia ou *a priori*.

Isto, entretanto, ainda não revela no fundo a atitude de Colombo porque, em terceiro lugar, a hipótese não só está fundamentada numa prova empírica, como Colombo não concede à experiência o benefício da dúvida. Com efeito, vimos que manteve sua ideia de ter chegado à Ásia apesar de que tudo quanto viu parecer contrariá-la, pois não encontrou nada do que esperava ver. Esta circunstância revela, então, uma situação muito peculiar, mas não por isso menos comum, a saber: que a suposição de Colombo é de tal natureza que permanecia invulnerável aos dados da experiência. Perguntar-se-á como pôde ter sido assim. A explicação é bem mais clara. O que acontece é que a ideia prévia que serve de base à suposição, isto é, a ideia de Colombo sobre a excessiva dimensão da Ilha da Terra, se lhe impôs como uma verdade indiscutível. Assim, no lugar de estar disposto a modificar sua opinião de acordo com os dados revelados pela experiência, viu-se constrangido a ajustar esses dados de um modo favorável àquela opinião, mediante interpretações violentas ou arbitrárias, conforme fosse necessário.

A suposição do Almirante não foi apenas uma hipótese, não só uma hipótese *a priori,* mas uma hipótese incondicional ou necessária. Uma opinião que se sustenta por si mesma num centro que confunde toda dúvida proveniente da experiência. Temos que concluir, portanto, que Colombo postulou sua hipótese, não propriamente como uma ideia, mas como uma *crença* e nisto consiste o verdadeiramente decisivo de sua atitude.

Não nos enganemos pensando que se trata de uma explicação desconexa, que nos obrigue a aceitar algo tão inusitado quanto extravagante. Todo aquele que tenha estado apaixonado passou por uma situação semelhante porque, como todos sabem, principalmente as mulheres, o amor implica uma crença cega em tudo o que diz e o que faz a pessoa por quem se sente amor. Daí o profundo sentido que tem o episódio relatado por Stendhal daquela mulher que, surpreendida por seu amante com outro homem em situação sumamente comprometedora, se escusa, negando o fato. E como o amante não se deixa convencer em razão do que está presenciando, a mulher replica exaltada, dizendo em tom de agravo: "Bem se nota que já não me amas, pois preferes acreditar no que vês do que no que te digo." Diz Marcel Proust, numa passagem que parece ter escrito para ilustrar esta questão, que os fatos não penetram no mundo onde vivem nossas crenças e, posto que não lhes deram vida, não as podem matar; podem estar desmentindo-as constantemente sem debilitá-las e uma avalanche de desgraças ou de enfermidades de que, uma após outras, padece uma família, não lhe faz duvidar da bondade de Deus, nem da perícia do médico.

Tal é, portanto, a atitude de Colombo: não só *pensa* que chegou ao extremo oriental do *orbis terrarum*, como também *crê* nisso. Agora, inteirados dessa circunstância, perguntemos, novamente, pelo significado da viagem de 1492.

Se recordarmos o que tantas vezes expusemos anteriormente, ou seja, que as coisas não são nada em si mesmas, senão que seu ser (não sua existência) depende do sentido que lhes conferimos (recorde-se o exemplo do Sol e da Lua nos casos dos sistemas geocêntrico e heliocêntrico, respectivamente), é claro que a atitude de Colombo significa ter dotado de um ser as regiões que encontrou. O ser que lhes comunica a crença de ser uma parte da Ilha da Terra. Mas se isto é assim, pode-se concluir que o significado histórico e ontológico da viagem de 1492 consiste em se ter atribuído às terras que encontrou Colombo o sentido de pertencerem ao *orbis terrarum*, assim dotando-as desse ser, mediante uma hipótese *a priori* e incondicional.

Fica estabelecido desse modo, e de acordo com as exigências mais estritas da interpretação histórica, o fato inicial do processo, cujo desenvolvimento vamos reconstruir. Não incorramos no equívoco que tradicionalmente cometeram os historiadores de considerar esse fato como um erro só porque mais tarde, as mesmas terras permanecerão dotadas de um ser diferente. Ao contrário, aceitemos o fato tal como a história nos entrega e seja esse o nosso ponto de partida para ver de que maneira se vai passar de um ser a outro, uma vez que nisso consiste o que chamamos a invenção da América.

V

Admite-se sem dificuldade que o próximo passo consiste em explicar como foi recebida a crença de Colombo.

Se excluirmos a atitude conformista de alguns, unicamente porque na discordância se abriga um novo desenvolvimento, o exame dos testemunhos revela um certo ceticismo, tanto na reação oficial como na científica. A clareza aconselha a considerá-las em separado.

A atitude da Coroa está regulada por um interesse primordial: garantir de fato e de direito os benefícios que pudessem advir do achado de Colombo. Assim, em primeiro lugar, preocupou-se em equipar e enviar o mais rápido possível uma armada para organizar a colônia, iniciar sua exploração e prosseguir as expedições de reconhecimento.[11] Estes objetivos de ordem prática se sobrepõem em interesse ao problema geográfico e científico. O que importava era que as terras encontradas fossem tão proveitosas como garantira o almirante, a quem, neste ponto, se concedia pleno crédito.

Em segundo lugar, a Coroa preocupou-se com o mesmo empenho em obter da Santa Sé um título legal que amparasse os seus direitos. Aqui também a questão do ser das terras encontradas não era primordial: o importante era assegurar juridicamente o domínio sobre elas. Mas, como para a obtenção do título respectivo era forçoso definir o seu objeto, a chancelaria espanhola se viu obrigada a pronunciar-se e a expressar uma opinião oficial acerca do problema que aqui interessa.

À primeira vista não se percebe a dificuldade: o aconselhável, parece, seria apoiar a crença do almirante. De fato, isso fizeram os reis no primeiro impulso de entusiasmo, como se percebe pelos votos que se apressaram a lhe enviar ao seu regresso, reconhecendo nele seu almirante, governador e vice-rei das "ilhas que se descobriram *nas Índias"*, isto é, na Ásia.[12] Logo se reparou no perigo de semelhante admissão: Colombo podia estar enganado e, nesse caso, um título legal amparando regiões asiáticas não protegeria direitos sobre as terras efetivamente encontradas. Era necessário,

---

11. Na mesma Carta (Barcelona, 30 de março de 1493) em que os reis dão as boas vindas a Colombo pelo seu regresso, já o encarregam de organizar, com a maior brevidade, uma segunda viagem. Navarrete, *Colección,* II, xv.
12. *Ibid.*

pois, arbitrar uma fórmula suficientemente ampla e indeterminada, que incluísse o maior número de possibilidades. E foi o que se fez.

Com efeito, as terras que Colombo havia encontrado foram oficialmente definidas, a instância e sugestão da Coroa, na ambígua fórmula empregada na bula *Inter caetera* de 3 de maio de 1493.[13] Nesse documento, elas são designadas vagamente como "ilhas e terras firmes" situadas nas "partes ocidentais do Mar Oceano, até o Índio".[14] Verifica-se que o espírito dessa fórmula era não excluir a possibilidade de que as terras referidas fossem asiáticas, mas para que fossem incluídas sem qualquer dúvida, faltava precisar o que deveria ser entendido pela expressão indefinida "partes ocidentais". A esta exigência respondem, primeiramente, a famosa linha alexandrina, mal chamada de repartição,[15] depois, as negociações de Tordesilhas[16] e a célebre declaração contida na bula *Dudum siquidem,* em que expressamente se reconheceram para a Espanha direitos sobre terras insulares ou continentais na Ásia[17].

---

13. O texto da bula em Navarrete, *Colección*, II, xvii.
14. "... *per partes occidentales, ut dicitur, versus Indus, in mari Oceano* ..." Ibid.
15. Veja-se a segunda bula *Inter caetera*, junho de 1493, pré-datada em 4 de maio desse ano. A linha é de demarcação e não de partilha, como se diz habitualmente. O texto da bula em Navarrete, *Colección*, II, xviii.
16. Tratado de Tordesilhas, concluído em 7 de junho de 1494 e ratificado pela Santa Sé até 1506. No tratado não só foi modificado o traçado da linha; modificou-se também a sua natureza, porque agora já se trata de uma partilha do mundo conquistável entre Espanha e Portugal.

    Uma circunstância capital para se entender o significado do convênio de Tordesilhas, é que nele já se pensa o Oceano como suscetível de posse. A Espanha já havia dado claras indicações de tão inusitada pretensão. Navarrete, *Colección*, II, v e II, xli. Portugal, por sua vez, abrigou os mesmos desejos na interpretação que inutilmente quis dar ao alcance da bula *Aeternis regis*, de 22 de junho de 1481. Como o Papa não concordou neste ponto, ou seja, no de atribuir soberania sobre o Oceano nem a favor de Espanha nem de Portugal, estas duas potências se entenderam sobre a questão em Tordesilhas, assim o Oceano ficou legalmente incorporado, pela primeira vez, ao *orbis terrarum*. (Sobre isto, veja-se mais adiante nossa análise da *Cosmographiae Introductio*.)
17. A bula *Dudum siquidem* é de 26 de setembro de 1493. Nela ficou confirmada a linha traçada na segunda *Inter caetera* e, de maneira expressa, foram ampliadas a concessão, a doação e a designação *"a todas y cualesquier islas y tierras firmes halladas y por hallar, descubiertas y por descubrir que, navegando o caminando hacia occidente o mediodía son o fueron o aparecieren, ora estén en tas partes occidentales o meridionales*

Numa palavra, por previsão política e por cautela jurídica, a Coroa acabou mostrando-se cética a respeito das afirmações de Colombo. Não que as recusasse como falsas; ao contrário, considerou-as como prováveis, pois era o que mais desejava, mas havia dúvida e nisto se fundamenta o escárnio em relação à atitude do almirante: já não se trata de uma crença.

VI

Vejamos, agora, qual foi a reação científica. O estudo dos documentos pertinentes mostra que, em termos gerais, os teóricos não deram crédito incondicional ao almirante,[18] como seria natural, se não nos esquecermos de que as premissas da sua crença eram discutíveis e que não apresentou suficientes provas empíricas em seu apoio. Não é que se negue a Colombo ter conseguido estabelecer contato com a parte do extremo oriente da Ilha da Terra e que, consequentemente, tenha chegado a regiões asiáticas, mas sim que se coloque em dúvida semelhante fato, porque nada obrigava a aceitá-lo de uma maneira indiscutível. Foi Pedro Mártir quem melhor colocou a questão.

Desde a primeira vez que o humanista refere-se à viagem de Colombo, constata-se seu ceticismo no fato de que se abstém de toda a tentativa de identificar as terras achadas e que se contenta em dizer que o explorador havia regressado das "antípodas ocidentais", onde encontrou umas ilhas.[19] Isso é tudo.

---

y orientales de la India". Tradução castelhana em Levillier, *América la bien llamada*, Kraft, Buenos Aires, 1948, I, 247-8.

18. A este respeito consultar Tribaldo de Rossi, *Su libro de cuentas* (*Raccolta,* Fonti, II, 1), O *Compendio della Cronaca Delfina* (Resumo de Sanuto da Crónica escrita por Pietro Dolfín. *Raccolta,* Fonti, II, 2), Pietro Parenti, *Crónica* (em Uzielli, *Toscanelli*, p. 34), Rolando Malipiero, *Crónica* (*Raccolta,* Fonti, II, 25), Lucas Fancelli (*Raccolta*, III, i, 165), Allegretto Allegretti, *Diario Sensi* (*Raccolta,* III, ii, 3), Battista Fregoso, *Crónica* (*Raccolta*, III, ii, 75) e Aníbal Zenara ou Januarius (*Raccolta*, III, ii, 141-2). Com exceção de Fregoso e Zenara, todos empregam expressões ambíguas que demonstram a dúvida sobre a identificação, com a Ásia, das terras encontradas por Colombo.
19. Pedra Mártir de Anglería, *Opus Epistolarum*. Alcalá de Henares, 1530. Primeira

Pouco depois, Pedro Mártir fixa sua posição inicial: diz que a viagem de Colombo foi uma "feliz façanha", mas não porque admita que tenha conseguido alcançar, segundo quer o navegante, o outro extremo da Ilha da Terra, mas porque dessa maneira se começava a ter conhecimento dessa parte da Terra, compreendida entre o Quersoneso Áureo (hoje Península de Malaca) e a Espanha, que permaneceu oculta, "desde o princípio da Criação" e que, por esse motivo, chama o "novo hemisfério".[20] O problema concreto a respeito do ser das terras que Colombo encontrou não parece, pois, inquietá-lo ainda.

Mais tarde, Pedro Mártir ratifica sua ideia a respeito da verdadeira importância da exploração e acrescenta que até a rivalidade entre Espanha e Portugal se enfraquece diante do supremo objetivo de chegar a conhecer a ignorada metade da Terra.[21] Nesta ocasião, porém, já se refere de maneira expressa à crença de Colombo. Considera que é inaceitável, porque "a magnitude da esfera parece indicar o contrário", isto é, porque a seu juízo, a distância percorrida é insuficiente para haver alcançado

---

edição castelhana, com estudo e tradução de José López de Toro, em *Documentos inéditos para la historia de España*. As cartas por nós citadas estão incluídas no primeiro tomo do *Epistolarum*, que corresponde ao tomo IX dos *Documentos*. Madri, 1953.

A citação a que se refere esta nota é da carta a Juan Borromeo, Barcelona, 14 de maio de 1493. A referida passagem é a seguinte: *"Post paucos indes dies rediit ab antipodibus occidius Christoforus quidam Colonus, vir Ligur, qui a meis Regibus ad hanc provinciam tria vix impetraverat navigia; quia fabulosa, quae dicebat, arbitrabantur. Rediit, preciosarum multarum rerum, sed auri praecipue que suapte natura regiones illae generat, argumenta tulit."*

20. Duas cartas, uma para o Conde de Tendilla e para o arcebispo de Granada; a outra para o Cardeal Ascâneo Sforza. Ambas são de 13 de setembro de 1493. *Epistolarium*, 133 e 134.

O texto diz: *"Mira res ex eo terrarum orbe, quem sol horarum quatuor et viginti spatio circuit, ad nostra usque tempora, quod minime te latet, trita cognitaque dimidia tantum pars, ab Aurea utpote Cheroneso, ad Gades nostras Hispanas, reliqua vero a Cosmographis pro incognita relicta est. Et si quae mentio facta, ea tenuis et incerta. Nunc autem, o beatum facimus meorum Regum auspiciis, quod latuit hactenus a rerum primordio, intelligi coeptum est."* *Epistolario*, 134. O problema concreto sobre o ser das terras que Colombo encontrou não parece, pois, inquietá-lo ainda.

21. Carta para o Arcebispo de Braga, Barcelona, primeiro de outubro de 1493. *Epistolario, 135*.

o extremo oriente da Ilha da Terra; mas, apesar disso, não se atreve a negá-lo decididamente, pois "não faltam aqueles que opinam que o litoral Índico dista muito pouco das praias espanholas".[22] Pedro Mártir tem ciência, pois, do dilema que existe a respeito da dimensão do *orbis terrarum* e admite que Colombo pode estar certo.

Nas *Décadas*,[23] o humanista insiste na sua opinião, mas acrescenta, primeiro, que Aristóteles e Sêneca eram autoridades a favor da relativa vizinhança entre a Ásia e a Europa; segundo, que a presença de papagaios nas ilhas encontradas por Colombo é indício favorável à crença do explorador; terceiro, que em compensação, não era correta a sua ideia de que a Ilha Espanhola (hoje Haiti e São Domingos) era o Ofir mencionado na Bíblia, e, quarto, que as terras que Colombo encontrou bem podiam ser "as Antilhas e outras adjacentes", isto é, um arquipélago Atlântico que nada tinha a ver com as regiões asiáticas.[24]

Finalmente, como Pedro Mártir não podia deixar de se pronunciar sobre o problema do ser concreto das terras encontradas, apesar de considerá-lo de importância secundária, a fórmula de "novo hemisfério", que havia antes empregado, mostrava-se insatisfatória, porque referia-se unicamente a uma divisão geométrica da terra, sem alusão ao seu sentido geográfico e moral. Foi nesta conjuntura que Pedro Mártir cunhou a famosa expressão "novus orbis" como fórmula adequada para satisfazer a essa exigência no ambiente de dúvidas que então reinava a respeito.[25] De fato, ao insistir sobre o qualificativo de "novo", sustentou a ideia de que se tratava de algo de que não se tivera conhecimento antes; quanto à substituição da palavra "hemisfério" por "orbe", nisso fundamenta seu acerto, porque, ao mesmo tempo em que conseguiu manter dessa maneira a mesma significação

---
22. *Ibid.*
23. *Décadas. De Orbe Novo*. A primeira edição é de Alcalá de Henares, 1530.
24. *Décadas*, Dec. I, liv. I, 13 de novembro de 1493.
25. Pedro Mártir empregou essa designação pela primeira vez em carta de primeiro de novembro de 1493, dirigida ao Cardeal Ascâneo Sforza. *Epistolario, 138.*

genérica e, portanto, o sentido fundamental que atribuía à empresa, não deixava de se referir, também, ao conteúdo do ignoto hemisfério como um "mundo" na sua acepção moral, mas sem avaliar previamente se as terras encontradas formavam parte de um orbe diferente do *orbis terrarum* ou se eram parte deste, como queria Colombo. Apesar da ambiguidade provocada pelo qualificativo "novo", que unicamente aludia ao desconhecimento que se tinha a respeito das terras achadas, bem como do hemisfério ocidental, a fórmula constituiu-se num acerto extraordinário, não surpreende, portanto, seu êxito histórico, embora essa circunstância não tenha deixado de provocar muitos equívocos.[26]

Em resumo, esta análise das ideias de Pedro Mártir mostra que, do ponto de vista científico, a crença de Colombo suscitou uma dúvida, não um repúdio, e nisto coincide com a reação política e jurídica dos círculos oficiais.

---

[26]. Na carta a que se refere a nota anterior, Pedra Mártir escreveu a seguinte frase: *"Colonus ille novi orbis repertor."* Bem, estas palavras têm sido traduzidas habitualmente por "Aquele Colombo, descobridor do Novo Mundo", assim em maiúsculas, como se o amor se referisse a um ente geográfico que afirma ter sido descoberto por Colombo. Fica insinuado assim que Pedra Mártir já se refere, em 1493, a esse ente que agora chamamos ovo Mundo e que atribui à viagem de Colombo o sentido de o ter descoberto. Clara que nada pode ser mais falso e, se é verdade que os historiadores não chegam a tanto, como admitir equívoco tão flagrante, não é menos verdade que, ao traduzirem aquelas palavras de Pedro Mártir da maneira indicada, acabaram por semear confusões nas quais eles próprios se veem envolvidos. Veja-se, por exemplo, o caso de Samuel Eliot Morison, *Admiral of the Ocean Sea, II,* p. 40-1. O autor não parece compreender que Pedra Mártir se mostra cético em relação à ideia de Colombo ter chegado à Ásia, e como, por outra lado, acredita que a expressão *"novis orbis"* foi empregada nesse momento por Mártir como nome próprio, pensa que se refere concretamente às ilhas achadas como se fossem regiões asiáticas. Assim, Morison acaba por atribuir a Pedra Mártir "o mesmo erro", diz, "que cometeu Colombo e ao qual aderiu obstinadamente por toda vida", quando, precisamente, o decisivo na atitude de Pedra Mártir foi ter resistido desde o início a isso que Morison chama o "erro" de Colombo. Morison pretende apoiar sua interpretação numa carta de Pedra Mártir de fins de 1494 (*Epistolario,* 142), sem se dar conta de que nessa carta o autor expõe a opinião de Colombo e não a sua própria.

VII

Inteirados do ceticismo com que foi recebida a crença de Colombo, convém agora examinarmos o sentido que tem do ponto de vista da nossa reflexão.

Se consideramos, em primeiro lugar, que essa crença não foi plena e cabalmente repudiada, foi por ter sido aceita como mera hipótese. Ora, é óbvio portanto, em segundo lugar, que se aceitaram também os fundamentos em que se apoiava, a saber: a imagem que previamente se tinha sobre o *orbis terrarum* como uma ilha, cuja extensão tornava possível essa hipótese. Da mesma maneira, pois, como no caso pessoal de Colombo, estamos na presença de uma hipótese com fundamento *a priori*. Em terceiro lugar, diferentemente de Colombo, esta hipótese não é aceita de um modo incondicional e imprescindível, porque a suposta excessiva dimensão da lha da Terra não se impõe como uma verdade indiscutível, mas simplesmente como uma possibilidade. Podemos concluir, pois, que a reação oficial e científica consistiu em postular a mesma hipótese de Colombo, não como uma crença invulnerável aos dados empíricos, mas simplesmente como uma *ideia*, cuja verdade era possível em certo grau de probabilidade, ou para dizer de outra maneira, como uma noção que pode ser modificada de acordo com a experiência e, portanto, condicional e sujeita à prova.

O contraste a respeito da atitude de Colombo é enorme. Exemplificando, é o mesmo que existe entre o homem apaixonado e seu amigo, a quem aquele fez o panegírico a respeito da fidelidade, elegância e beleza da mulher que é o objeto do seu amor. O amigo receberá os desmesurados elogios com a natural reserva de indiferença e imaginará que tudo quanto faça e diga essa mulher, será deturpado pelo seu admirador num sentido favorável aos interesses da sua paixão, por mais que ela, talvez, o esteja enganando ou, mesmo, apesar de que se enfeite e se vista com visível mau gosto. No entanto, como é possível que ocorra o contrário, pode bem acontecer que ela seja o que dela se diz e que reúna em si tantas qualidades, o amigo aceitará tudo quanto se lhe tenha dito, mas sob a condição de verificá-lo por sua conta própria. Formulará ao apaixonado desejos de conhecê-la ou, o que é o mesmo, à maneira de cortesia, exigirá a prova da sua crença.

Este é o diálogo inicial da nossa história. Desde logo os dois pontos de vista não entram em conflito aberto, porque a atitude da Coroa e dos teóricos admite para Colombo a possibilidade de acerto. Exige-se do almirante ouro e se lhe pede provas; ele, enclausurado no mágico círculo da sua crença invulnerável, não duvida da satisfação que dará às demandas dos incrédulos. Alegre, vitorioso, confiante e agraciado com favores e títulos, prepara a bela e poderosa frota e, qual um Moisés marinho, a conduzirá à Terra prometida.

Nosso próximo passo será examinar em que deve consistir concretamente a prova que se pede a Colombo e quais podem ser as consequências do êxito ou do fracasso que tenha a respeito, isto é, o que é que está em jogo, o que é que se arrisca neste desafio. Antes de dirigir a atenção a estas importantes questões, não será demais fazer notar que, sendo os dados que se podem encontrar em qualquer livro de história os mesmos sobre este assunto, a diferença entre o relato e o resultado não poderia ser maior. Colombo já regressou à Espanha e foram discutidos amplamente seu achado e suas opiniões. Está prestes a empreender sua segunda travessia e, no entanto, ainda não se descobriu nenhuma América. Por quê? Mera e simplesmente porque a América ainda não existe.

VIII

Na Segunda Parte deste livro, descrevemos o cenário cultural em que se desenrolou o drama que estamos reconstruindo; estamos agora a assistir ao seu primeiro ato. O cenário nos apresenta uma imagem estática e finita de um universo que, criado perfeito, já está composto, mais tudo o que nele existe e de uma maneira inalterável. A imagem de um universo irredutível e singular, no qual o homem é hóspede estranho, inquilino de uma ilha que não deveria existir e onde, prisioneiro, vive na eterna condição de servo temeroso e agradecido. Mas eis que um homem cruzou o Oceano, façanha cujo sentido é, para a época, o de uma viagem pelo espaço cósmico. Afirma, é verdade, que apesar de desconhecidas, as terras que achou são apenas regiões extremas dessa mesma ilha que Deus, em sua bondade, benevolamente destinou como morada aos homens, vizinhos que se desconhecem, embora habitantes do mesmo cárcere. E assim deve ser. Mas se por acaso não fosse assim? Se, por ventura, essas terras pertencessem a outra ilha, a um desses "outros orbes" de que falavam os pagãos? Que serão, então, seus povoadores, esses filhos do Oceano, cuja origem não se pode vincular ao pai comum dos homens e que, em todo o caso, pelo seu isolamento, permaneceram à margem da Redenção? Esta é a angústia contida na dúvida que o achado suscitou, mas também a remota promessa de uma possível brecha, de uma escapatória da milenária prisão. Mas, em tal caso, seria preciso alterar as noções recebidas; conceber de outra maneira a estrutura do universo e a natureza da sua realidade; pensar de outro modo as relações com o Criador e despertar a ideia de que é outro o lugar do homem no cosmos, outro o papel que está chamado a desempenhar e não o de servo, que um rígido dogma ensinou-o a aceitar.

Assim, insinuamos a tremenda crise que, embora distante, já se delineia no horizonte, a da situação constrangedora provocada pela atitude de ceticismo com que foram recebidas as opiniões do almirante. Assim começamos a nos dar conta, não só da dificuldade de convencimento do contrário – e nisto se fundamenta a grande força da tese de Colombo e o motivo do seu apego, com tenacidade exemplar, a ela, até o dia de sua morte – mas também do verdadeiro e profundo sentido desta história da invenção da América, que estamos contando. Nela haveremos de ver, como se verá, o primeiro episódio da libertação do homem de seu antigo cárcere cósmico e de sua multissecular servidão e impotência, ou se prefere-se, a libertação de uma arcaica maneira de se conceber a si próprio, que já havia produzido os frutos que estava destinada a produzir. Não foi em vão, nem casualmente, que a América chegou ao cenário como a terra da liberdade e do futuro e o homem americano, como o novo Adão da cultura ocidental.

Mas não nos antecipemos além do necessário e, tendo em mente esta perspectiva que aponta para o fundo do que está em jogo na prova que se pede a Colombo, consideremos cuidadosamente, pela ordem, estas três questões: o que se deve provar, como e em quê pode consistir a prova.

1. Pede-se que Colombo prove sua crença, pois é ele quem a afirma, isto é, que prove, de alguma maneira, que as terras que achou pertencem ao extremo oriente do *orbis terrarum*.

2. Mas como pode provar essa circunstância? A resposta não oferece dúvida: deverá mostrar, de maneira inequívoca, que pela sua situação, pela sua natureza e pela sua configuração, as terras encontradas ajustam-se à ideia e à imagem que se tem a respeito da Ilha da Terra. Isto é, pede-se ao almirante que ajuste a sua crença aos dados empíricos e não que ajuste estes àquela. O pedido é justo, mas, bem visto, seria muito pedir ao homem que, segundo sabemos, não tinha condição espiritual de satisfazê-la. Equivale a pedir ao homem apaixonado a prova dos motivos que inspiram a sua paixão e que ele considera de si evidentes para todos e que, portanto, não só não requerem prova, como também não se podem provar diante de quem não os aceita de antemão. Para um homem em semelhante caso, a prova de que a sua amada é bela ou bondosa consiste em dizer que é bondosa ou bela, pois seu amor a converteu em norma suprema da bondade ou da beleza.

3. Por último, em que pode consistir a prova que seria suficiente para convencer os céticos? Não é difícil verificar que deverá reunir duas circunstâncias. Com efeito, o fato de que tenham aparecido terras no lugar onde apareceram, não basta por si só para provar que pertencem ao extremo oriente da Ilha da Terra, como pensa Colombo, porque isso foi, precisamente, o que despertou a dúvida. Será preciso, então, mostrar, em primeiro lugar, que não se trata meramente de um arquipélago, mas de uma extensa massa de terra, que corresponde ao litoral do *orbis terrarum*. Era, pois, necessário mostrar ou que os litorais reconhecidos por

Colombo correspondiam a essa exigência, conforme ele mesmo acreditava,[27] ou que ao poente das ilhas achadas e vizinha a elas se localizava essa extensa massa de terra.

O cumprimento desse requisito não seria, no entanto, suficiente porque, em segundo lugar, o litorais da massa de terra teriam que mostrar algum traço que os identificasse com os da Ilha da Terra, ou mais concretamente dizendo, com os litorais da Ásia. Muito bem, do possível acúmulo de tais indícios, somente um, nessa época, era inequívoco, a saber: a existência da passagem marítima que Marco Polo empregou na sua viagem de regresso à Europa, isto é, o lugar onde terminava o extremo meridional das costas orientais da Ásia onde, portanto, juntavam suas águas os oceanos Atlântico e Índico. A passagem, em suma, que daria a um viajante que viesse da Europa pela rota do ocidente, o acesso à Índia. Não nos esqueçamos, para ter presente mais adiante, que a localização dessa passagem poderia oferecer uma alternativa, conforme se aceitasse uma das duas possibilidades que existiam sobre o assunto, de acordo com as teses da península única ou da península adicional.[28]

Em conclusão, e para que isto fique inteiramente claro, a prova requerida para sair da dúvida consistia em demonstrar, primeiro, a existência de uma massa considerável de terra nas vizinhanças das regiões encontradas em 1492 e, segundo, a localização da passagem marítima que permitisse chegar ao Oceano Índico. Se fossem demonstradas ambas as coisas, a afirmação de Colombo estaria convertida numa verdade empiricamente comprovada; caso contrário, já apontamos as terríveis consequências que disso poderiam resultar.

Esta constatação proporciona o esquema fundamental para compreender o significado das explorações que foram empreendidas imediatamente após a viagem de 1492. Passemos a estudar

---

27. Colombo inclinava-se a acreditar que o litoral da Terra de Cuba era o da Ásia mas, nessa época, ainda tem dúvidas. Vide nota 31 desta Parte.
28. Segunda Parte deste livro, IV, 2.

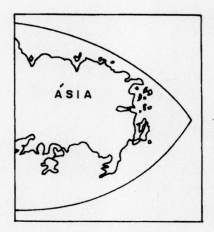
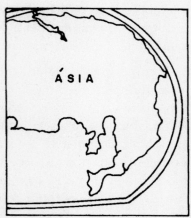
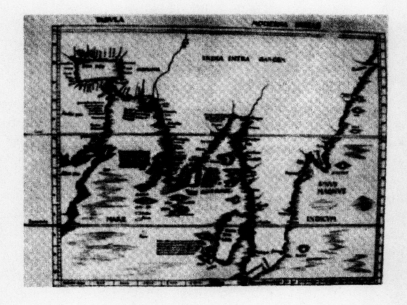

FIGURA 3. As hipóteses da península única e da península adicional.
   a. *Mapa-múndi anônimo genovês,* 1457. Península única.
   b. *Mapa-múndi Henricus Marrellus Germanus,* 1489-1492. Duas penínsulas.
   c. Waldseemüller, Moderna Indiae no Ptolomeu de 1513. Península única.

esses acontecimentos, mas sempre tratando de imaginar as expectativas que havia em torno dos seus resultados.

IX

Dentre essas explorações, o primeiro lugar corresponde, pela sua data à segunda viagem de Colombo, já que a frota partiu de Cádiz no dia 25 de setembro de 1493.[29]

Do ponto de vista político e mercantil, a expedição resultou numa terrível desilusão: o almirante não pôde, como não poderia, cumprir aquilo que a sua exaltada imaginação havia prometido. Os indígenas não eram os dóceis vassalos que havia dito, pois, fosse a culpa de quem fosse, haviam assassinado em massa a guarnição cristã que o almirante tinha deixado em Navidad. Além disso, o tão cobiçado ouro não aparecia de nenhum lado. Por outra parte, as incursões punitivas e predatórias que assolaram o interior da ilha Espanhola serviram, entre outras coisas, para desiludir Colom-

---

29. Convém deixar registrada a situação para aqueles que se interessam pelos detalhes.
   a. Colombo suspeitava da existência de um colar de ilhas que se estendiam da Espanhola para o oriente e se fossem verdadeiras, tornaria mais breve a travessia do Oceano. Tratava-se das ilhas dos caribes e dentre elas se contava uma habitada só por mulheres e da qual Colombo foi informado na primeira viagem.
   b. A respeito da Espanhola, a preocupação teórica principal consistia, para Colombo, em conseguir identificá-la com Cipango ou com Ofir. Também restava esclarecer se a terra contígua ao Golfo das Flechas, formava uma ilha separada ou se era o prolongamento extremo oriental da Espanhola.
   c. No tocante à "Terra de Cuba" ou "Juana", havia uma dúvida totalmente semelhante à anterior, porque Colombo deixou de averiguar se a posição do litoral que explorou era um todo contínuo ou se havia uma separação pelo mar, onde estava o promontório que ele chamou de Cabo de Cuba na primeira viagem.
   d. Mas a grande questão consistia em saber se Cuba era terra insular ou se formava parte de terra firme.
   Se por acaso se tratasse de uma ilha, o projeto consistia em prosseguir na busca do continente, cujo achado era o desejo mais veemente do explorador e a missão especial encarregada pelos reis. Las Casas, *Historia*, I, lxxxi e xciv.
   e. Por último, o programa incluía o objetivo geral de reconhecer o maior número possível de terras. A este respeito Colombo tinha em mente a região que os naturais lhe haviam assegurado existir no sul e à qual chamava *Yamaye* (Jamaica?).

bo quanto à identificação da ilha com a famosa Cipango Japão).[30] Tudo isto e outras adversidades foram motivo de um descontentamento geral que se traduziu de imediato em surda hostilidade contra o almirante e num crescente desprestígio da empresa.

Para nós, o verdadeiramente decisivo foi o resultado do reconhecimento do litoral sul da região que os naturais chamavam "Terra de Cuba" e que, desde a viagem anterior, Colombo suspeitou ser parte da terra firme da Ásia. O objetivo primordial da exploração era confirmar essa suspeita para sair da dúvida sobre ser ou não uma ilha.[31] Depois de um penoso e longo percurso costeiro que revelou inúmeras singularidades da natureza e outras peculiaridades, que Colombo não tardou em interpretar como indícios comprobatórios da natureza asiática da terra, a frota, ao desviar-se para o sul, chegou a um lugar onde a costa alterava a sua direção para o poente.[32] Igual ao homem que já está persuadido

---

30. Las Casas, *Historia*, I, xci, "... *y bien la llamaron los indios Cibao, de ciba, que es piedra, cuase pedregal, o tierra de muchas piedras.*" Da mesma maneira Bernáldez, *Historia*, cap. 121. Ver, também, Pedra Mártir, *Décadas*, Dec. I, liv. I, cap. 4, e I *Reyes*, IX, 28. Também Pedra Mártir, *Epistolario*, 124. Carta de 9 de agosto de 1495.
    Outro local que Colombo tentou identificar foi a região de *Saba*. Nisto tem ocorrido algum equívoco. Em realidade não parece tratar-se da Espanhola, mas da Ilha Gorda, de difícil localização. Morison, *Admiral Ocean Sea*, II, pp.79 e 81. Syllacio foi quem afirmou tratar-se da Espanhola, mas deve corresponder a uma má interpretação originada num incidente relatado por Cuneo; *Raccolta*, III, ii, 107. Syllacio acreditou, por outro lado, que Colombo estava nas vizinhanças da Arábia pois supõe que a viagem foi via oriente e não através do Oceano. Ver Nicolo Syllacio *ad sapientissimum L. Mariam Sforzam*. Pavia, 1494. Trata-se de um relato baseado em informações de Guilhermo Coma, que estava na segunda viagem. *Raccolta*, III, ii, 83-94. Tradução inglesa em Thacher, II, p. 243-62. Verifica-se a fantasia exaltada de Syllacio sobretudo na parte em que relata a expedição de Ojeda y Gorbolán a Cibao em busca de ouro.
31. Na *Informacián y testimonio* sobre a exploração de Cuba, Colombo declara expressamente que, ao regressar da primeira viagem, estava em dúvida se essa terra era ou não uma ilha. Disse que *"no declaró afirmativo que fuese tierra firme, salvo que lo pronunció dubitativo, y la había puesto nombre la Juana, a memoria del príncipe don Juan, nuestro señor"*. Navarrete, *Colección*, II, lxxvi.
32. As principais fontes para esta segunda parte da viagem são: Cuneo *Raccolta*, III, ii, 103-7; Pedro Mártir, *Décadas*, Déc. I liv. III; Bernáldez, *Historia*, caps. 119-31; Fernando Colombo, *Vida del Almirante*, caps. liv.-lx, e Las Casas, *Historia*, I, xciv-xcix.
    Dentre as referências mais significativas para Colombo, devemos lembrar aqui o grande arquipélago que encontrou junto à costa de Cuba; a notícia dada por um

da verdade mas que, não obstante, vê-se obrigado a comprovar, bastou a Colombo essa circunstância para convencer-se de que nesse ponto se iniciava a costa do litoral atlântico do Quersoneso Áureo (a Península de Malaca) e que, consequentemente, a frota havia percorrido a costa sul de Mangi, a província meridional da China (Fig. 3 e 4). A seu critério, pois, estavam preenchidos os dois requisitos da prova que lhe era exigida. De fato, havia encontrado com a massa continental da Ilha da Terra e se, com certeza, não navegara pela passagem marítima que dava acesso ao Oceano Índico, localizara-a, em princípio, pois conseguira alcançar a costa da península em cujo extremo se encontrava a referida passagem.

Mas fazia falta algo mais do que apenas a sua convicção pessoal para calar aos incrédulos na Espanha e como nada do que podia demonstrar era suficiente para esse fim, Colombo teve a rara lembrança de propor um instrumento jurídico como testemunho probatório.[33] Diante de escrivão público e de testemunhas, fez com que todos os tripulantes da armada declarassem, sob juramento e

---

arqueiro de ter visto homens com túnicas brancas; as pegadas de animais identificados como leões e grifos; o nome de uma região chamada Magón, que o almirante, naturalmente, acreditou ser Mangi. A este respeito Morison, *Admiral of the Ocean Sea*, II, p. 133, procede com muita superficialidade quando, ao comentar a referência feita por Bernáldez, *Historia*, cap. 127, atribui a ele a identificação de Magón com "a mítica terra de sir John de Mandeville de Moré, onde viviam os homens com rabo". Mas não é isso que diz Bernáldez. O texto de Mandeville: *Travels*, cap. 55.
O relato concernente aos homens de túnicas brancas em Bernáldez, *Historia*, cap. 128; Pedro Mártir, *Décadas*, Dec. I, liv. III, cap. 6; Las Casas, *Historia*, I, xcv; e em Fernando Colombo, *Vida del Almirante*, cap. lvii. Cuneo nada disse sobre esta questão; e Morison não parece ter razão (op.cit., II, p. 137) ao associar o episódio com o que Cuneo refere (*Raccolta*, III, ii, 102) sobre os sacerdotes dos caribes. A explicação de Humboldt (*Examen Critique*, IV, p. 243) de que se trata de uma confusão com grandes garças brancas tem por base as passagens de Bernáldez (*Historia*, cap.128), Pedro Mártir *(Déc.* I, liv. III, cap. 6) e Las Casas (*Historia*, I, xcv) onde se refere que nesse lugar havia garças brancas maiores do que as conhecidas pelos europeus.
É Bernáldez (*Historia*, cap. 128) quem afirma que as pegadas encontradas eram de grifos. Sobre estes animais fabulosos e sobre a crença neles, veja-se Mandeville, *Travels*, cap. 85.
33. "Informacíon y testimonio acerca de la exploracíon de Cuba". 12 de junio de 1494. Navarrete, *Colección*, II, lxxvi.

FIGURA 3. d. Orbis typus universalis no Ptolomeu de 1513 (atribuído a Waldseemüller). Duas penínsulas.

sob pena de terríveis castigos corporais e altas multas, que a costa que haviam explorado não podia ser a de uma ilha, pois era inconcebível que existisse uma tão grande; além disso, obrigou-os a subscrever a otimista ilusão de que *"antes de muchas leguas, navegando por la dicha costa* (isto é, a que Colombo acreditava ser a do Quersoneso Áureo), *se hallaría tierra donde tratan gente política, y que saben el mondo".* O desejo de regressar o quanto antes foi, sem dúvida, o motivo que levou todos a assinarem documento tão extraordinário, tanto mais que Colombo havia anunciado que tinha o projeto de continuar a viagem e circum-navegar o globo, o que, dada a lamentável condição dos navios e a falta de alimentos, criou uma atmosfera de pavor entre todos.[34]

O regresso foi penosíssimo. Após incontáveis perigos, a frota chegou a Jamaica, circum-navegou a ilha, passando dali para a costa meridional da Espanhola. Ao chegar ao cabo mais oriental desta ilha, Colombo anunciou a sua intenção de cruzar a ilha de San Juan (Porto Rico), que reconhecera quando vinha da Espanha, com o desejo de recrutar escravo, mas foi impedido pelo que o padre Las Casas chama de "modorra pestilenta".[35] Verifica-se o que significa isso no jargão médico dos nossos dias. O certo é que o almirante se achou às portas da morte e assim o levaram à Villa de la lsabela, onde a frota ancorou no dia 29 de setembro de 1494. Ali o esperava a alegria e o apoio do seu irmão Bartolomeu, mas o aguardava também o desastre na colônia, a rebelião, a fome e a primeira reprimenda dos reis, que se manifestou de forma visível na pessoa de um certo JuanAguado (chegou à lsabela em outubro de 1495), o comissionado que enviaram para fiscalizar a sua conduta.

---

34. Bernáldez, *Historia,* cap. 123.
35. Las Casas, *Historia,* I, xcix, reluta-se em admitir que Colombo tivesse intenção de ir às ilhas dos caribes para fazer escravos. É de se temer, no entanto, que essa era a sua intenção. Veja-se Pedro Mártir, *Décadas,* Dec. I, liv. III, cap. 8.

X

As promessas de Colombo revelaram-se uma falsa sedução. As esperanças de ouro, colhido como fruta madura, reduziam-se ao futuro aleatório de umas minas que requeriam suor e privações. O clima suave e os ares perfumados e benignos cobraram em vidas de cristãos seu pestilento encanto. Furacões diabólicos semearam naufrágios. A sonhada concórdia que iria presidir a fundação e a vida da nova colônia traduziu-se em ódio, prevaricação e dissidência; os dóceis e inocentes povoadores naturais daquele fictício paraíso, supostos amigos dos cristãos e amantíssimos vassalos, mostraram sua natureza selvagem: gente preguiçosa e perversa, boa para assassinar se oferecia-se a ocasião; má para trabalhar e para recolher tributos. Adoradores ocultos de Satanás, ou ao menos dóceis instrumentos dos seus terríveis desígnios, a beata imagem da idade do ouro rediviva transmutou-se, no conluio do desencanto, na idade de ferro, quando dominava a crescente convicção de que aqueles desnudos filhos do Oceano formavam parte do vasto império da barbárie do senhorio, confessado ou não, do príncipe das trevas, o inimigo do homem. Um profundo ceticismo assomava a empresa, que a muitos terá parecido louco e perigoso sonho que acarretaria a ruína da Espanha.[36]

Era preciso cortar o mal e Colombo, com sua tenacidade característica e sustentado pela verdade da sua crença, lançou-se resoluto na ingrata tarefa.[37]

É óbvio, no entanto, apesar de tantos rumores de maledicência como desencadearam então, que era difícil, se não impossível, retroceder num assunto em que andava tão comprometido o prestígio político e religioso da coroa da Espanha. Os reis, por

---

36. Consulte-se, entre os muitos testemunhos que se pode citar para documentar esse ceticismo, a Carta de Colombo sobre sua terceira viagem (Navarrete, *Colección*, I, p. 244-5) e outra Carta de Colombo transcrita em parte pelo padre Las Casas (*Historia*, I, cxxxvi).
37. Lembremo-nos dos comovedores esforços de Colombo para impressionar favoravelmente aos reis e ao povo durante o percurso de Sevilha a Almazán, onde estava a corte. Bernáldez, *Historia*, cap. 131, e Las Casas, *Historia*, I, cxii.

outra parte, continuaram favorecendo o seu almirante,[38] mas aprenderam que o caráter e a condição de estrangeiro de Colombo eram sementeiras de discórdia e que não era homem a quem se confiar questões de governo e de administração. Foram aceitos com rara tolerância o desastre a frustração, mas não sem que a Coroa adotasse uma mudança de atitude de muitas consequências. De fato, lançadas por terra as primeiras delirantes expectativas, compreendeu-se que o regime de monopólio oficial estabelecido nas origens da viagem de 1492 para que a Espanha se beneficiasse dos supostos tesouros com que céu lhe havia agraciado, era mais um ônus do que um benefício, dada as condições que a realidade das terras achadas impunha. A exploração e a colonização ficaram abertas, pois, àquele que melhor a postulasse a à cobiça de quem se sentisse tentado a fazer fortuna.[39] Esta mudança acarretou consequências de enorme alcance ao imprimir sua marca na estrutura política e administrativa do império, cujos fundamentos se lançavam nesse momento, e provocou de imediato uma inusitada aceleração de desenvolvimento no processo que estamos examinando.

Quanto ao problema que nos interessa diretamente, não faltaram aqueles que, sem muita demonstração de juízo crítico, aceitaram como boa a "prova" trazida por Colombo a favor de sua crença inicial. Andrés Bernáldez ficou realmente convencido de que a Terra de Cuba fazia parte da Ásia, conforme queria o almirante,[40] mas o certo é que, em termos gerais, esse exemplo não teve seguidores.

---

38. Vejam-se, por exemplo, os documentos em Navarrete, Colección, II, cix, cxiii, cxiv, cxxii, cxxv e cxxvi.
39. *Real Provisión* a respeito dos que queriam povoar as índias e dos que desejavam descobrir novas terras. 10 de abril de 1495. Navarrete, *Colección*, II, lxxxvi.
40. Bernáldez, *Historia*, cap. 123. Durante a viagem de retorno, Colombo observou um eclipse da lua e acreditou que os resultados confirmavam a medida de longitude necessária para poder afirmar que havia chegado ao Quersoneso Áureo. (Las Casas, *Historia*, I, xcvi e xcviii, e Morison, *Admiral of* the *Ocean* Sea, II, 158-9 e 162, nota 16). doutor Chanca (*Carta*, Navarrete, *Colección*, I, p. 198-224) não colocou em dúvida que as novas terras fossem a Ásia, mas o seu testemunho se refere tão só à parte da viagem que corresponde até a chegada à ilha Espanhola. Nada diz a respeito da exploração de Cuba. O relato de Syllacio mereceria um comentário detalhado pela fantástica visão que

Miguel de Cuneo, amigo pessoal de Colombo e seu companheiro na viagem, mostra-se incrédulo. Ao final da sua animada descrição da exploração, dá-nos a informação de que, já de volta à Espanhola, o almirante discutia frequentemente com um certo abade de Lucerna, homem sábio e rico, por não poder convencê-lo de que a Terra de Cuba era parte da Ásia. Cuneo acrescenta que ele e muitos outros pensavam da mesma maneira que aquele néscio abade.[41] Desconhecem-se os prós e os contra dos argumentos, mas é óbvio que a base da "prova" apresentada por Colombo, isto é, a inusitada extensão da costa de Cuba, não foi aceita como indício suficientemente contrário à sua insularidade.

Pedro Mártir também não se deixou seduzir. Com sua habitual cautela, o humanista limitou-se a informar seus pares a respeito da viagem. Constata-se, porém, que ele se mostrou impressionado não tanto pela identificação com a Ásia mas pela segurança com que Colombo sustentava que a costa explorada pertencia a uma terra firme e não a mais uma ilha, como as outras que haviam sido encontradas.[42] Pedro Mártir demonstra uma profunda consciência do verdadeiro problema em questão, pois verifica-se que ele distingue entre a possibilidade real e surpreendente de que existisse semelhante massa de terra nessas partes do Oceano e a conclusão de que, necessariamente, haveria de se tratar da Ilha da Terra. O assunto, entretanto, parece-lhe ainda demasiado duvidoso e toma o partido de se refugiar na hipótese que, evidentemente, era a mais segura: a de supor que todas aquelas terras, Cuba inclusive, eram

---

tem das regiões achadas por Colombo. Aqui basta verificar que, como o doutor Chanca, seu testemunho refere-se tão só à primeira parte da viagem e que o autor está convencido de que Colombo circum-navegou a África convertendo-o num Vasco da Gama *avant la lettre*. Parece-lhe que o almirante havia repetido a suposta façanha do cartaginês Hannon, que chegou a umas ilhas próximas do Golfo Arábico, e que os caribes podiam ser os *nisitae*, tribo marítima dos etíopes africanos, denominação que significa homens com três olhos, não porque os tivessem, mas como alusão à pontaria infalível das suas flechas. Certamente o pobre Syllacio andava muito perdido.

41. Cuneo, "Relato da Segunda viagem". *Raccolta*, III, ii, 107.
42. Pedro Mártir, *Epistolario,* 142, 152, 156, 158 e 164. Duas cartas são de fins de 1494 e as restantes, de 1495.

insulares, se bem que já não insistisse na anterior sugestão de identificá-las com o arquipélago das Antilhas.[43]

Pode-se concluir que essa segunda viagem de Colombo tem o sentido de ser uma primeira tentativa de trazer a prova que se requeria para demonstrar que se tinha conseguido estabelecer a conexão entre Europa e Ásia pela rota do ocidente, mas uma tentativa fracassada. Tem, além do mais, o interesse particular de mostrar que Colombo aceitava como certa a tese que temos chamado da península única como a verdadeira visão dos litorais atlânticos da Ásia. Tenhamos presente esta determinação decisiva para entender a sua terceira viagem e o problema que os seus resultados desencadearam.

XI

Quando, em 1496, Colombo regressou à Espanha, nada se sabia ainda de certo a respeito da existência de uma terra de massa comparável ao *orbis terrarum* em regiões vizinhas ao primeiro achado de 1492. No ano seguinte, aproveitando a nova atitude da Coroa, empreenderam-se várias explorações que resolveram a questão num sentido afirmativo.[44] Soube-se que ao poente das ilhas

---

43. Pedro Mártir, *Décadas*, Dec. I, liv. III. (Redigido em 1500). O autor não se compromete com declarações explícitas, mas já se percebe que admite para si mesmo a possibilidade de que, na hipótese de Cuba ser parte de um continente, não era absolutamente necessário que este fosse o asiático. Isso parece indicar, de fato, a maneira pela qual se refere a Cuba, seja como ilha, seja como "a imaginada terra firme" (na tradução de Torres Asensio é empregada a expressão *"el existimado continente"*), ambiguidade que, indicando preferência pela tese insular, não deixa de admitir a possibilidade contrária, mas sem identificações comprometedoras. Parece claro que a ausência de indícios indiscutíveis de características asiáticas pesa no ânimo de Pedra Mártir de modo que ele titubeie a respeito da suposta enorme dimensão da Ásia, única premissa da qual depende, para ele, a possível verdade da crença colombiana.
44. A este respeito devemos ter presentes as duas expedições de Gaboto patrocinadas pelo rei da Inglaterra, que se efetuaram em maio-julho de 1497 e junho de 1498-99, respectivamente. Muito mais importante é a expedição espanhola de maio de 1497-outubro de 1498, que se supõe tenha sido comandada por Solis e que Levillier identifica como a "primeira navegação" de América Vespúcio. A prova cartográfica

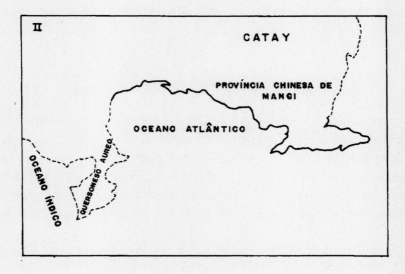

FIGURA 4. Desenhos do litoral sul de Cuba. Ilustram as ideias geográficas de Cristóvão Colombo depois de haver percorrido tais litorais em sua segunda viagem. (1: linha contínua, litorais explorados por Colombo; linha interrompida, litorais não suspeitados por Colombo. II: linha contínua, litorais explorados por Colombo; linha interrompida, litorais imaginários suspeitados por Colombo).

encontradas pelo almirante jazia uma grande massa de terra. Este importantíssimo fato favorecia a crença de Colombo, pois preenchia o primeiro requisito exigido pela prova, de maneira que a hipótese de que se tratava do extremo oriente da Ilha da Terra não só parecia possível, como se pensava até então, mas era provável. Essas regiões habitadas por homens, que outra coisa podiam ser se não litorais desconhecidos, mas de existência sabida do *orbis terrarum*? Colombo continuava convencido de que a Terra de Cuba não era uma ilha adjacente a esses litorais, mas parte deles[45] Dentro do quadro geral do problema, no entanto, esta opinião cada vez mais solitária deixou de ter verdadeira importância, porque se tratava da modalidade de um mesmo e fundamental fato. Constata-se, então, que todo o peso da dúvida passa a gravitar, a seguir, em torno do segundo requisito da prova: a localização daquela passagem marítima que daria acesso ao Oceano Índico e às riquezas das regiões que já estavam na iminência de caírem nas mãos dos portugueses.[46] Assim independentemente de se saber se Cuba era ou não o que Colombo supunha, decisivo era encontrar aquela passagem, a qual, de acordo com a imagem que ele e muitos outros tinham dos litorais da Ásia, deveria estar nas imediações da linha equatorial, pois, por essas latitudes terminava a península do Quersoneso Áureo[47] Este era, consequentemente, o próximo

---

invocada pelo historiador argentino parece contundente, embora não tenha convencido a todos. Veja-se *Mostra Vespuciana. Catálogo. Comitato onoranze ad Amerigo Vespucci nel quinto centenario della* nascita. Florença, 1955. Em todo caso, de acordo com essa prova, e independentemente dos problemas concretos que suscita, é inegável que, em princípios do século XVI, dispunham-se de dados sobre a existência de uma grande massa de terra ao poente das ilhas e vizinha delas.

45. Isso é o que se infere da afirmação em sua Carta sobre a terceira viagem, em que diz que os reis eram agora senhores do monte Sophora, que está na ilha Espanhola. Navarrete, *Colección*, I, p. 244. Pierre d'Ailly, *Imago Mundi*, cap. 39, menciona esse monte como um promontório na Índia oriental, para onde Salomão enviava sua frota. Colombo numa anotação repete a informação. Anotações, 304, 374 e 500.
46. Não parece casual que tenha sido exatamente até 1495, quando os portugueses decidiram realizar a viagem á Índia apesar de o Cabo da Boa Esperança ter sido descoberto anos antes. A viagem só foi empreendida por Vasco da Gama em 1497.
47. Colombo, anotação 36 à *Historia rerum ubique gestarum* de Pio II (Aeneas Sylvius Piccolomini).

passo exigido pela lógica da prova; isto foi, realmente, o que Colombo pretendeu fazer na sua viagem seguinte. Mas tudo se complicou enormemente, como veremos, pelo inesperado aparecimento de uma massa de terra austral que semeou o desconcerto.

XII

Para a sua terceira viagem (a frota zarpou de Sanlúcar de Barrameda, no dia 30 de maio de 1498), Colombo elaborou o projeto de navegar para o sul até alcançar regiões equatoriais e daí prosseguir em direção ao poente.[48] Pretendia primeiro verificar se encontrava uma terra que o rei de Portugal afirmava existir nesse caminho[49] e, segundo, estabelecer contato com os litorais da Ásia, buscando a passagem pelo Oceano Índico que, segundo a imagem que fazia dele, estaria por essas latitudes. Mas a realidade lhe reservava uma surpresa desconcertante.

Depois de alcançar, aproximadamente, o paralelo 9º de latitude norte e de percorrê-lo em direção oeste, sem ter encontrado a terra preconizada pelo monarca lusitano, aportou em uma ilha densamente povoada por gente de melhor compleição e mais branca do que aquela que havia encontrado até então. Chamou a essa ilha La Trinidad – nome que conserva até nossos dias – e corretamente calculou que se achava ao sul do colar das ilhas dos canibais que havia reconhecido em sua viagem anterior.

Colombo pensou que estivesse num arquipélago adjacente ao extremo meridional do *orbis terrarum*, ou concretamente falando, vizinho às costas do Querseneso Áureo (Península de Malaca) que,

---

48. Colombo, Carta sobre a terceira viagem enviada aos reis em outubro de 1498. *Raccolta* I, ii, 26-40. Diz Colombo: "... *y yo navegué al austro, con propósito de llegar a la línea equinoccial y de allí seguir al poniente hasta que la isla Española me quedase al septentrión.*"
49. No *Diario del tercer viaje. Raccolta*, I, ii, 5, expressamente afirma-se esse propósito: "... *y quiere ver (Colombo) cuál era ta intención del rei don Juan de Portugal, que decía al austro había tierra firme.*" Sobre o mesmo assunto, consulte-se a Carta dos reis a Colombo, de 5 de setembro de 1493. Navarrete, *Colección*, II, lxxi.

para ele, começava a formar-se na altura da Terra de Cuba; logo, porém, os marinheiros constataram um estranho fenômeno que semeou o desconcerto no íntimo do almirante: o golfo onde a frota havia penetrado (hoje Golfo de Paria na Venezuela) era de água doce, circunstância que pressupunha a presença de caudalosos rios e indicava, por conseguinte, uma enorme extensão de terra. Viu-se obrigado a concluir, então, que aquele golfo não estava formado pelos litorais de um apertado grupo de ilhas, como Colombo supunha, mas pela costa de uma terra de dimensões continentais. De início, o almirante resistiu em aceitar essa óbvia inferência que ameaçava a validade das suas ideias preconcebidas, mas como a exploração posterior não dera margem a dúvidas, viu-se obrigado a reconhecer o seu equívoco inicial. Lembrou-se, então, das informações que lhe haviam dado os caribenhos a respeito da existência de grandes terras ao sul das suas e acabou por se convencer do inevitável: a frota havia aportado não em arquipélago próximo à passagem para o Oceano Índico mas em terra firme.[50]

Para Colombo, homem do seu tempo e habituado a pensar respaldado em autoridades, surgiu de imediato a dificuldade de explicar primeiro como era possível que houvesse semelhante terra no hemisfério sul que, de acordo com as ideias correntes então, estava ocupado apenas pelo Oceano[51] e, segundo, como era possível que houvesse falta de informações a respeito dela.

No que se refere ao primeiro ponto, Colombo recorreu à tese elaborada no século XIII, sustentada principalmente por Roger Bacon e da qual ele tinha conhecimento por intermédio do Cardeal d'Ailly,[52] tal tese supunha que a terra seca ocupava seis sétimas partes da superfície do globo, contra uma que congregava todos os mares, de acordo com a autoridade do *Livro de Esdras*. Era, então, possível aceitar a noção de que os litorais achados pertencessem a uma grande massa austral de terra firme. Quanto ao fato de

---

50. Colombo, *Diario del tercer viaje*. "Yo estoy creído que esta es tierra firme grandísima, de que hasta hoy no se ha sabido." Raccolta, I, ii, 22.
51. Segunda Parte deste livro, III, 3.
52. *Ibid.*, III, 2.

não se ter tido notícia alguma a respeito da sua existência, Colombo afirma: *"muy poco ha que no se sabía otra tierra más de la que Tolomeu escribió"*,[53] de maneira que nada havia de surpreendente naquela circunstância. O que é surpreendente, no entanto, é que Colombo não tivesse invocado neste lugar os seus conhecimentos da geografia de Marco Polo, que ampliou e corrigiu as noções de Ptolomeu. Mas o caso é que a terra recentemente achada não parecia acomodar-se adequadamente a esses conhecimentos e nisso consistia o verdadeiro problema do achado. De fato, como ajustar essa tão inesperada experiência à imagem geográfica que vinha servindo para Colombo de esquema fundamental e que estava baseada, justamente, no relato de Marco Polo? Que relação poderia ter com o *orbis terrarum* esta inusitada extensão de terra?

O problema é mais complicado do que parece. Convêm que tenhamos a devida consciência dele.

De acordo com a tese invocada por Colombo, era possível explicar a existência da terra recém-achada mas é de se notar que o argumento supõe a continuidade desses litorais em relação aos de Cuba, que o almirante imaginava pertencerem à terra firme da Ásia. De fato, a tese se baseava, precisamente, na afirmação da unidade geográfica de toda a terra não submersa, ou seja, que a Ilha da Terra era a que ocupava as seis sétimas partes da superfície do globo. Consequentemente, já não existiria a passagem marítima para o Oceano Índico, onde Colombo supunha, e toda a sua ideia de que a costa do Quersoneso Áureo começava em Cuba desmoronava pois, em lugar dessa península, havia esta nova e inusitada terra austral.

Por outra parte, se supunha-se, para salvar esse esquema, que a terra firme recém-achada chamada Paria pelos naturais, era uma ilha austral comparável ao *orbis terrarum* e situada a sudeste do extremo do Quersoneso Áureo, então a tese invocada por Colombo não conseguia realmente explicar a sua existência, pois já não

---

53. Colombo, *Diario del tercer viaje.* (*Raccolta*, I, ii, 22.) Em nenhum momento parece que Colombo tenha identificado esta terra firme que achou com a que o rei de Portugal havia imaginado.

se tratava de regiões da Ilha da Terra, mas de um desses *orbis alterius* mencionados pelos pagãos, mas recusados pela Igreja e pelas doutrinas escolásticas mais modernas[54] e que, por estar habitado, acarretava as dificuldades antropológicas e os problemas religiosos que temos exposto.

Diante desta conjuntura Colombo não soube realmente como se orientar e, por isso, apesar de ter afirmado antes o seu convencimento de que a terra achada tinha dimensões continentais, refugia-se, pouco depois, numa cláusula condicional que revela o seu desconcerto.[55] Todo o problema provinha da necessidade de explicar aquele golfo de água doce que implicava a presença de imensas terras capazes de gerarem caudalosos rios. Não haveria um outro modo de se dar conta do fenômeno? As observações que, nesse momento, Colombo insere no seu *Diário* a respeito da variação da agulha, da assombrosa amenidade do ar, da boa compleição e da cor dos naturais habitantes de Paria, nos previnem que o almirante cogitava em alguma explicação que lhe fosse mais satisfatória e, de fato, quando já estava em mar aberto, no seu percurso de regresso na busca da Ilha Espanhola, confiou ao seu Diário um extraordinário dilema: ou aquela terra de onde vinha é *"gran tierra firme"* ou é, diz *"adonde está el Paraíso Terrenal"* que, segundo a opinião comum "está no fim do oriente", a região onde ele havia estado.[56]

Façamos uma parada para permitir a Colombo que medite e amadureça tão alucinante possibilidade como era esta de haver localizado, por fim, o Paraíso Terrestre, problema que tantos teólogos e geógrafos cristãos haviam tratado de resolver em vão.[57] O almirante regressou (no último dia de agosto de 1495) a São Domingos, a nova capital da Espanhola. Eram muitos os aborre-

---

54. Segunda Parte deste livro, III, 2 e 3.
55. Colombo, *Diario del tercer viaje*. Diz: *"y si esta es tierra firme, es cosa de admiración, etc ..", Raccolta*, I, ii, 22.
56. *Ibid. Raccolta*, I, ii, 24.
57. Uma interessante especulação sobre o Paraíso Terrestre em Las Casas, *Historia*, I, cxli--cxlv. Vejam-se as anotações de Colombo ao *Imago Mundi de d'Ailly*, números 19, 40, 47, 313, 397 e 398.

cimentos que ali o aguardavam, mas era urgente também dar ciência aos soberanos do resultado da sua viagem. No dia 18 de outubro despachou uma carta com o resultado de suas especulações.[58] Não é fácil determinar com precisão o que pensou, mas é necessário tentá-lo com o auxílio de documentos posteriores.

XIII

Ou era uma enorme terra firme a que havia achado ou era onde estava o Paraíso Terrestre. Eis aqui o dilema que preocupava Colombo quando desembarcou em São Domingos. Consideremos, antes de tudo, o que significou esse dilema.

O motivo que obrigava Colombo a pensar que se tratava de uma terra firme de grande extensão era, já o sabemos, a necessidade de explicar o golfo de água doce como resultado de algum grande rio que nele tinha a sua desembocadura. E se não se conformou cabal e plenamente com essa inferência foi pelas dificuldades que, segundo vimos, atendiam igualmente à ideia de que essa terra firme estivesse unida à Ásia ou à de que estivesse separada. Se ocorreu a Colombo como dilema que havia estado na região onde se achava o Paraíso Terrestre, foi porque dessa maneira lhe pareceu que poderia sair desse conflito, pois já não havia necessidade de justificar o golfo de água doce como resultado de um grande rio engendrado numa imensa extensão de terra. De fato, no Paraíso Terrestre existia uma fonte de onde, no dizer das autoridades mais respeitadas, procediam os quatro grandes rios do *orbis terrarum*. Não seria, portanto, dessa mesma fonte que procedia o caudal de água que formava aquele golfo? Esta possibilidade deve ter impressionado tanto a Colombo, não só porque se enquadrava admiravelmente à sua maneira de pensar e à sua crescente convicção de ser um mensageiro de Deus, mas também pelo brilho que este achado emprestava à sua empresa, que não se deu conta nem do

---

58. Carta sobre sua terceira viagem, já citada nestas notas. *Raccolta*, I, ii, 26-42. Escrita entre 30 de maio e 31 de agosto de 1498 e enviada em outubro desse ano.

caráter extravagante da ideia nem, de imediato, das novas dificuldades que ela implicava. Mas era necessário mostrar como era possível e mesmo provável essa ocorrência. E a este propósito particularmente é que vai encaminhada a carta aos soberanos.

A carta começa com um preâmbulo dedicado a defender a empresa dos maledicentes empenhados em desacreditá-la. Esta parte inicial da epístola é uma reprodução quase literal de uma passagem do *Diário,* que apresenta o interesse de Colombo em empregar aqui, pela segunda vez, o conceito de "outro mundo" para qualificar o conjunto das terras que, por seu empenho e trabalho, se havia colocado sob a soberania da Espanha.[59] Também

---

59. Interessa esclarecer em que sentido Colombo empregou as palavras "outro mundo" ao referir-se às terras que havia achado. Examinemos os textos.

I. *Diario del tercer viaje. Raccolta,* I, ii, 18-9 e Las Casas, *Historia,* I, cxxxvi. Numa passagem autoapologética, que tem o objetivo de defender a empresa dos maledicentes que pretendiam desacreditá-la, Colombo usa, entre outros, o argumento de que nunca antes um príncipe de Castela teria conquistado terras fora da Espanha e acrescenta *"ahora Vuestras Altezas ganaron estas tierras, tantas, que son outro mundo, y donde habrá la Cristandad tanto placer, y nuestra fe, por tiempo, tanto acrecentanliento."*

Neste contexto Colombo refere-se às terras recentemente achadas nesta terceira viagem e nas anteriores e parece claro que as qualifica de "outro mundo", por serem de muita extensão e grandeza. São de fato "outro mundo", por serem "tantas".

II. *Carta de Colón sobre su* tercer *viaje. Raccolta,* I, ii, 28 e 40. Navarrete, *Colección,* I, p. 244 e 263.

1. No preâmbulo da carta, de novo Colombo defende a empresa dos seus detratores. Testa passagem, porém, refere-se unicamente às terras achadas nas duas primeiras viagens que, como sabemos, considerava regiões asiáticas. Repetindo o argumento de que nunca antes um príncipe de Castela teria conquistado terras fora da Espanha, acrescenta *"que esta de acá* (Colombo escreve de São Domingos, na Ilha Espanhola) *es otro mundo en que trabajaron Romanos y Alejandre y Griegos, para la haber con grandes ejercicios."*

A ideia é clara no que se refere à identificação das terras: trata-se das regiões extremas da Ásia às quais os antigos, em vão, com grandes esforços, quiseram conquistar. Conclui-se, pois, que se Colombo as qualifica de "outro mundo", não é no sentido de serem terras das quais não se tivesse tido notícias antes. Esta conclusão está expressamente confirmada por outra Carta de Colombo, enviada ao Rei Católico na mesma data, na qual refere-se às terras encontradas nas duas primeiras viagens como *"tierra firme de los antiguos muy conocida y no ignota, como quieren decir los envidiosos e ignorantes". Raccolta,* I, ii, 47. É de se supor, então, que na passagem que analisamos, Colombo tenha empregado a expressão "outro mundo" no mesmo sentido que na citação do *Diario,* ou talvez no sentido de que aquelas regiões, não ignoradas desde a antiguidade, constituem algo diferente do

é interessante porque Colombo ratifica a sua crença de que Cuba é uma parte da Ásia.[60]

Vem, a seguir, o relato da viagem e da exploração e chegado o momento em que conta como pôde sair daquele golfo de água doce, que tanto o preocupava, o almirante inicia a fundamentação teórica de sua hipótese do Paraíso Terrestre.

Não é o caso de entrar em detalhes exaustivos. Eis aqui o essencial do argumento: o globo terrestre, pensa Colombo, não é uma esfera perfeita; ao contrário, sua forma é a de uma pêra ou de uma bola que tivesse uma protuberância como um seio de mulher, cujo bico estaria abaixo da linha equatorial no "fim do oriente", diz e que é, esclarece, onde termina a terra e suas ilhas adjacentes. Isto é, no extremo oriente da Ilha da Terra. No cume desse grande monte ou seio, de acesso paulatino, pois se inicia em pleno oceano a uma distância de cem léguas dos Açores, acha-se o Paraíso

---

habitual, como quando se diz, por exemplo, de um europeu que, ao se mudar para a África, irá viver em outro mundo.

2. Já quase ao final da Carta, Colombo lança-se novamente contra os inimigos da empresa e repete os mesmos argumentos: *"ningunos príncipes de Espana – diz – jamás ganaron tierra alguna fuera de ella, salvo ahora que Vuestras Altezas tienen acá otro mundo, etc... "*

Neste caso pode-se supor que Colombo esteja se referindo ao conjunto das terras encontradas nas três viagens, mas nada existe que nos faça pensar que empregou a expressão "outro mundo" num sentido diferente dos casos anteriores.

III. *Carta de Colón a dona Juana de la Torre* (Navarrete, *Colección*, I, 274). Colombo, queixando-se das ofensas que se lhe fizeram, disse que deve ser julgado como um capitão que saiu da Espanha *"a conquistar hasta las Indias ... y adonde por voluntad divina he puesto yo el senorio del rey y de la reina nuestros señores otro mundo".*

Constata-se com clareza que se Colombo afirma que colocou sob a soberania da Coroa da Espanha "outro mundo" nas Índias (isto é, na Ásia) onde, como capitão, foi conquistar esse outro mundo, não se refere a regiões de que não se tivesse tido conhecimento. Usa, pois, a expressão no mesmo sentido que nos casos precedentes.

Podemos concluir, então, que Colombo não empregou a expressão de "outro mundo" para se referir a uma entidade desconhecida diferente e separada do *orbis terrarum*, e muito menos, claro está, para se referir profeticamente à América, como pretende o ilustre historiador norte-americano Samuel Eliot Morison. *Admiral of the Ocean Sea*, II, pp. 268-9. Mais adiante veremos que Colombo utilizou, numa ocasião, a expressão "novo mundo" num sentido muito diferente deste que analisamos.

60. Veja-se p. 131, nota 45.

Terrestre.[61] Fixadas essas premissas, a conclusão era óbvia: como a Terra de Paria estava "no fim do oriente", estava próxima do Equador e mostrava as qualidades da região mais nobre da Terra e como, por outra parte, as observações celestes revelavam que a frota havia navegado costa acima a partir do meridiano marcado por aquelas cem léguas dos Açores, parecia natural pensar que a água doce que aquele golfo produzia procedesse do Paraíso. É certo que ele, Colombo, não pretendia que se pudesse chegar até esse jardim proibido que, provavelmente, ainda estava longe dos litorais que explorou, mas não era o caso de se levar em conta a sua hipótese?

Na medida em que o almirante desenvolve sua argumentação, mais se constata o seu desejo de se convencer da sua efetiva convicção; é que se deu conta de que a hipótese não solucionava o problema pela simples razão de que implicava, da mesma maneira que a hipótese de um rio, uma extensão considerável de terra. De fato, se tem-se em conta que, segundo admite o próprio almirante, o Paraíso estava longe do golfo de água doce e que, por outra parte, tinha que ser muito grande, pois foi feito para abrigar a espécie humana,[62] acaba por se demandar uma extensa terra firme, que era precisamente a consequência que se queria evitar com a nova hipótese.

Se Colombo teve consciência dessa ressalva, a verdade é que não a expressa. Pode-se supor, no entanto, que algo parecido devia ter em mente pois, em lugar de concluir afirmando aquilo que tanto havia se empenhado em demonstrar, acaba por se encontrar no mesmo dilema inicial. Acredita que a terra que achou *"es grandísima, y haya otras muchas en el austro, de que jamás se hubo noticia"*; acredita, também, que do Paraíso *"pueda salir"* a água, se bem que de longe, e que venha a formar aquele golfo.[63] Repete os argumentos

---

61. Carta de Colombo sobre sua terceira viagem. *Raccolta*, I, ii, 34-6. Pedro Mártir, Décadas, Déc. I, liv. 6 em diante, considerou absurdas e ininteligíveis estas especulações de Colombo. Sabemos que esta ideia de uma montanha de água não necessita de antecedentes medievais. Veja.se a Segunda Parte deste livro, III, 3 e nota 22.
62. Veja-se Las Casas, *Historia*, I, cxlv.
63. Carta de Colombo sobre sua terceira viagem. *Raccolta*, I, ii, 37 e 38.

da tese de haver muito mais terra seca do que a submersa pelo Oceano e tudo isto para terminar na mesma cláusula condicional e dúbia de que *"si no procede* (a água doce do golfo) *del Paraíso, procede de um río que procede de tierra infinita del austro, de la cual hasta ahora no se ha habido noticia"*. Acrescenta, porém, *"yo muy asentado tengo en el ánima que allí, adonde dije, es el Paraíso Terrenal"*.[64]

Vê-se que Colombo, em lugar de dirimir o dilema que ele mesmo criou, acabou aceitando seus dois extremos. Até esse momento, para Colombo, os litorais encontrados em sua terceira viagem pertencem a uma extensa terra firme austral, quer provenha de um rio a água que aquele golfo produz, o que admite que poderia acontecer, quer provenha da fonte do Paraíso, que é o que ele gostaria que fosse.

Mas o que pensar do verdadeiro problema que o almirante deixou intacto? Supõe Colombo que essa grande terra austral esteja ou não unida ao continente asiático?

XIV

Para resolver este problema decisivo faz-se necessário recorrer a outras três cartas de Colombo. Examinemos esses testemunhos pela sua ordem.

Numa carta ao rei católico de ca. 18 de outubro de 1498,[65] o almirante alude à terra encontrada na sua terceira viagem e diz que se deve acreditar que é extensíssima. Mais adiante, faz o inventário de tudo aquilo que ele havia colocado sob o domínio da Espanha por seus trabalhos e atuação: a ilha Espanhola, Jamaica, setecentas ilhas e uma grande parte, diz, *"de la tierra firme, de los antiguos mui conocida y no ignota, como quieren decir los envidiosos o ignorantes"*. Refere-se, está claro, às costas da Ásia que ele declara ter percorrido na sua segunda viagem; além do mais, muitas outras ilhas no caminho da Espanhola à Espanha e agora deve-se acrescentar esta

---
64. *Ibid. Raccolta*, I, ii, 39.
65. *Raccolta*, I, ii, 46-8.

outra terra de grande dimensão recém-achada e que *"es de tanta excelencia"*.⁶⁶

O texto não nos tira das dúvidas, mas parece indicar que Colombo pensa nessa terra como algo diferente e separado da outra terra firme que declara ter sido muito conhecida dos antigos, isto é, da Ásia.

De fins do ano de 1500, temos uma carta que Colombo dirigiu a Dona Juana de la Torre, que tinha sido ama do príncipe Dom João, escrita provavelmente na caravela que conduziu o almirante de regresso à Espanha⁶⁷. Citando previamente São João e Isaías que falam de um "céu novo e uma nova terra",⁶⁸ o almirante pensa a si mesmo como mensageiro eleito por Deus para revelá-los, pois, segundo ele, isso foi o que fez nas suas duas primeiras viagens. Acrescenta que depois empreendeu *"viaje nuevo al nuevo cielo y mundo que hasta entonces estaba en oculto"* e esclarece que se esta sua façanha não é respeitada na Espanha *"como los otros dos* (viagens) *a las Indias"*, não deve surpreender, pois tudo que vinha dele era menosprezado.

Deste documento emana, com bastante clareza, que Colombo distingue a terra achada na terceira viagem daquelas que encontrou nas anteriores, que expressamente qualifica de viagens às Índias (isto é, à Ásia), enquanto identifica a primeira como uma viagem a um *nuevo mundo que até então estava oculto*.⁶⁹ Parece, pois, que concebe a Terra de Paria como alguma coisa separada e distinta do *orbis terrarum*.

Por último, em carta de fevereiro de 1502 ao Papa,⁷⁰ Colombo realiza de novo o inventário do que a Espanha lhe deve. Nas duas

---

66. *Ibid.* I, ii, 46 e 47.
67. Navarrete, *Colección*, I, 265-76.
68. São João, *Apocalipsis*, XXI, I: *Et vidi coelum novum, et terram novam*. Isaías, LXVI, 22: *Quia sicut coeli novi, et terra nova, quae ego facio stare coram me, dicit Dominus: sic stabit semen vestrum, et nomen vestrum.*
69. É significativo que Colombo altere expressamente os textos citados por ele, quando os aplica à Terra de Paria, pois em lugar de repetir *"nuevo cielo y tierra"* diz que empreendeu *"viaje nuevo al nuevo cielo y mundo que hasta entonces estaba en oculto"*. Navarrete, *Colección*, I, pp. 267-68.
70. *Raccolta*, I, ii, 164-6.

primeiras viagens encontrou mil e quatrocentas ilhas, trezentas e trinta e três léguas *"de la tierra-firme de Ásia"* outras enormes e famosas ilhas a oriente da Espanhola que é, diz, *"Tarsis, es Cethia, es Ofir y Ophaz e Cipango"*, e na terceira viagem achou *"tierras infinitísimas"* e acreditei e acredito diz, *"que allí en la comarca es el Paraíso Terrenal."*

Nesta ocasião, a distinção entre a terra firme achada nas duas primeiras viagens, que Colombo expressamente identifica com a Ásia, e a encontrada na terceira viagem é mais clara, de sorte que estes três testemunhos parecem ser suficientes para concluir que Colombo, pouco depois de haver escrito a famosa carta em que expôs a hipótese do Paraíso, convenceu-se de que havia achado uma terra de dimensões continentais que ocupava parte do hemisfério Norte e que se estendia pelo hemisfério Sul, situada a sudeste do Quersoneso Áureo e separada da Ásia. Em suma, que havia achado um orbe austral comparável ao orbis terrarum, habitável e habitado como este, e que, por acréscimo, continha o Paraíso Terrestre. Um orbe ao qual, embora incidentalmente, mas não casualmente, qualificou como um novo mundo.

XV

Ao considerar a óbvia importância de que se reveste a conclusão a que chegou o almirante, é necessário que nos esforcemos por entender seu alcance e sentido. Para isso é preciso esclarecer que motivo o levou a decidir-se em favor da independência geográfica das terras que havia encontrado na sua terceira viagem em relação às achadas nas viagens anteriores. Devemos verificar, além do mais, porque, ainda em 1502 e pela última vez, insistiu em nelas localizar o Paraíso Terrestre, sem insistir, no entanto, na teoria que servia de fundamento para essa ideia, isto é, a de que o globo terrestre aparentava, no hemisfério Ocidental, a forma de uma pêra ou bola com algo semelhante a um seio de mulher.

Quanto ao primeiro motivo, não será difícil averiguá-lo se nos lembrarmos de quais eram as consequências do dilema que Colombo deveria resolver. De fato, já vimos que se supunha a continuidade entre os litorais atlânticos da Ásia e os da nova terra firme austral, o esquema geográfico adotado por Colombo para explicar seus achados anteriores era insustentável. Vinha abaixo a tese que imaginava a Ásia dotada de uma só península – o Quersoneso Áureo – em cujo extremo estaria a passagem para o Oceano Índico (Fig. 3). Se, no entanto, se supunha que a Terra de Paria não estava unida ao *orbis terrarum*, seria necessário imaginá-la como um orbe distinto. Neste caso, é certo, punha-se a salvo aquela tese, mas à custa de se enfrentar os problemas que haviam levado a Igreja e tratadistas recentes a não aceitarem a possibilidade de mundos diferentes abrigados no globo.

Colombo decidiu-se – e já vimos com que timidez – por essa última opção. É óbvio que o motivo de terminante foi o desejo de salvar o esquema geográfico de que ele vinha se servindo para poder identificar a terra de Cuba com a Ásia e que lhe permitia vislumbrar a existência de um acesso ao Oceano Índico, ao sul dessa terra e ao norte da recém-encontrada Paria. Isto é decisivo, pois assim vemos que Colombo pretendia a separação e a independência da inesperada terra firme austral como uma necessária consequência do seu esquema anterior e não como resultado de uma observação dos dados empíricos que se lhe tivessem imposto. Em outras palavras, afirmou a existência de um "novo mundo" como uma suposição a priori, porque o que verdadeiramente lhe importava afirmar desse modo era a existência da tal passagem de mar ao Oceano Índico da qual dependia, como sabemos, a prova da sua primeira e fundamental crença: a de haver chegado na sua primeira viagem ao extremo oriente da Ilha da Terra.

Mas não se entende bem, então, como tomou o almirante uma decisão que o levava a enfrentar as objeções e perigos inerentes à ideia que abraçou. Isto nos leva, precisamente, ao segundo ponto que suscitamos no início deste item, a saber: a razão pela qual insistiu em localizar o Paraíso Terrestre nessa terra que lhe parecia ser um novo e inédito mundo. Também parece difícil encontrar neste caso a resposta. Lembre-se que o Paraíso Terrestre, por definição, era parte do "mundo", isto é, daquela província cósmica que Deus, em sua bondade, havia designado ao homem para que nela vivesse. Visto desta maneira, embora se possa dizer que a independência geográfica da terra firme austral a convertia num "novo mundo", o fato de nela estar alojado o Paraíso Terrestre anulava esse conceito para convertê-la, em troca, no primeiro e mais antigo mundo, de sorte que, definitivamente, se Colombo separava fisicamente os dois orbes, conseguia manter a sua união moral, de que dependem a condição e a qualidade para que sejam mundos.

Em suma, o "novo mundo" intuído por Colombo não era propriamente isso, mas parte do mesmo e único mundo de sempre. Não postulava, pois, o pluralismo cuja possibilidade havia sido admitida pelos pagãos com todas as suas consequências. Se o almirante se arriscou a apoiar-se nessa inaceitável e herética noção, foi porque acreditava que somente assim se poderia salvar a crença, cuja verdade se propusera a provar. Mas é claro que esta indireta maneira de sustentar a existência da passagem que conduziria as naves espanholas às riquezas da Índia, como ele pensava, não podia convencer ninguém e que, por consequência, seus esforços nesse sentido foram em vão. O que verdadeiramente tem de interessante a hipótese de Colombo é que, pela primeira vez, o processo se aproximou de um desenlace crítico da antiga maneira de conceber o mundo. No entanto, a crise ainda não era iminente, porque as ideias de Colombo careciam de toda a probabilidade de serem aceitas, por duas razões decisivas. A primeira, porque a teoria cosmografia elaborada por Colombo para justificar a existência do Paraíso Terrestre nas regiões recém-achadas mostrava ser um verdadeiro disparate científico;[71] a segunda e mais importante, porque a ideia de separar as duas massas de terra, o que implicava admitir um "novo mundo", não era necessária para explicar

---

71. Pedro Mártir, *Décadas*, Dec. I, liv. 6 em diante.

satisfatoriamente os fatos revelados até então pela experiência, segundo vamos ver a seguir. Conspirou-se a crise que já se anunciava. Examinemos as razões que a sustentaram.

XVI

As notícias do achado da Terra de Paria, chegadas à Espanha em 1499, despertaram um grande interesse em reconhecer mais amplamente essas regiões e deram novo impulso e nova orientação para a empresa. A Coroa autorizou, e se realizaram em rápida sucessão, as conhecidas viagens de Ojeda (maio de 1499 a setembro de 1500); Guerra e Niño (junho de 1499 a abril de 1500); Yáñez Pinzón (dezembro de 1499 a setembro de 1500); Lepe (dezembro de 1499 a outubro (?) de 1500); Vélez de Mendoza (dezembro de 1499 a julho de 1500) e Rodrigo de Bastidas (outubro de 1500 a setembro de 1502).[72]

O conjunto dessas explorações revelou a existência do enorme litoral que hoje se conhece como a costa atlântica setentrional da América do Sul, desde o Golfo de Darién (formado pelas costas do Panamá e da Colômbia) até o cabo extremo oriental do Brasil. Bem, como os novos achados não se prolongaram além desses extremos, não se estabeleceu, por uma parte, a continuidade e a conexão dessas costas com as da terra setentrional reconhecida em anos anteriores nem se estabeleceu, por outra parte, em que direção poderia se estender a costa além do cabo extremo em que se havia chegado. Estas indeterminações provocaram uma situação ambígua que convém registrar.

A ideia de Colombo no sentido de que existia uma grande massa de terra que penetrava pelo hemisfério austral ficou estabelecida fora de qualquer dúvida. Como não se sabia, empiricamente,

---

[72]. Veja-se José Toríbio Medina, *El descubrimiento del Océano Pacífico*; *Vasco Núñez de Balboa*, 1913-20, para um relato dessas viagens. Para a de Ojeda, que é "a segunda navegação de Vespúcio", consultar Levillier, *América la bien llamada*, I, pp. 107-14 e 123-34.

que estaria unida à massa de terra firme setentrional, a possibilidade de que houvesse uma passagem marítima para o Oceano Índico no trecho ainda inexplorado permanecia em aberto. A hipótese de Colombo a respeito de um "novo mundo" separado do *orbis terrarum* não podia, pois, ser descartada. Mas o importante era que, ao contrário do que pensou Colombo, essa não era a única alternativa para se acreditar na existência da passagem para o Oceano Índico, que havia sido empregada por Marco Polo no seu regresso à Europa. Como também não se sabia em que sentido se estendia a costa além do cabo extremo ocidental explorado, era possível supor que dobrasse em direção ao poente e que, portanto, esse cabo seria o extremo meridional de uma grande península asiática, aquela que Marco Polo teria circum-navegado. Em outras palavras, pensou-se que esse grande e novo litoral não era o de um estranho "novo mundo", separado e distinto da Ilha da Terra, mas o da Ásia.[73] Concretamente dizendo, era o daquela grande península adicional que haviam desenhado Martín Behaim no seu globo e Henrico Martellus no seu planisfério. (Fig. 3)

Em resumo, as explorações realizadas entre 1499 e 1502 mostraram que as ideias de Behaim e de Martellus podiam ser corretas, de sorte que surgiu o dilema que registraremos a seguir.

De um lado, temos a hipótese segundo a qual se supõe que a massa de terra firme no hemisfério Norte é o extremo oriental da Ilha da Terra ou *orbis terrarum* e que a massa que penetra pelo hemisfério Sul é um outro orbe, um "novo mundo". A condição dessa hipótese é, pois, que a passagem marítima para o Oceano Índico fosse a da separação entre ambas as massas de terra firme.

---

73. As cartas de Vespúcio de 18 de julho de 1500, de 4 de junho de 1501 e de 4 de setembro de 1504 demonstram que seu autor pensou que as duas primeiras viagens que fez (Solís?, 1497-8 e Ojeda, 1499-1500) haviam sido ao longo dos litorais da Ásia. O mesmo conceito prevaleceu na viagem de Vicente Yáñez Pinzón (1499-1500). Veja-se a respeito Pedro Mártir, *Décadas*, Dec. I, liv. 9. O mesmo autor em *Década* I, liv. 6, informa brevemente sobre as duas opiniões que existiam a respeito da terra firme achada por Colombo na sua terceira viagem. Diz: "os que a investigaram depois com maior diligência em razão de seus interesses, querem que seja o continente índio, e não Cuba, como pensa o Almirante."

Esta é a hipótese de Colombo, com a versão, segundo a qual, o almirante insistia em postular que aTerra de Cuba se identificasse com a terra firme da Ásia.

Temos, do outro lado, a hipótese que consiste em supor que as duas massas de terra firme são contínuas e que se identificam com o litoral extremo oriental do *orbis terrarum* e, concretamente, como os da sua grande península asiática, diferente do Querseneso Áureo. Para esta segunda hipótese, a condição era a de que ao sul dessa única massa de terra firme se acharia a famosa passagem para o Oceano Índico, empregada por Marco Polo.

A cartografia da época documenta de maneira curiosa e interessante esse dilema. Realmente, temos do ano de 1500 o justamente famoso mapa manuscrito de Juan de La Cosa, em que se pode ver a expressão gráfica do dilema.[74] Neste documento, o cartógrafo apresenta como costa contínua tudo o que está compreendido desde os reconhecimentos setentrionais das expedições inglesas até o cabo extremo oriental daquilo que hoje se conhece como Brasil. Mas, de um lado, a partir desse cabo se configura uma costa hipotética que se estende diretamente para o oeste, expressando a ideia e a esperança, acrescentamos, de que essas terras austrais constituíam a penetração mais meridional da Ásia. No entanto, e por outro lado, Juan de la Cosa interrompeu o desenho do litoral com uma imagem de São Cristóvão, padroeiro dos navegantes, mas também de Colombo, precisamente no lugar onde, segundo este, estaria a passagem para o Oceano Índico. Desse modo, assim parece, o cartógrafo quis registrar ou, pelo menos, insinuar a outra hipótese ou possibilidade. (Fig. 5)

---

74. O original deste mapa encontra-se no Museu Naval de Madri. Referências: Harrisse, *The Discovery of North America*. Londres e Paris, 1892. Reproduzido em Nordenskiöld, *Periplus*, 149, Lâminas XLIII e XLIV.

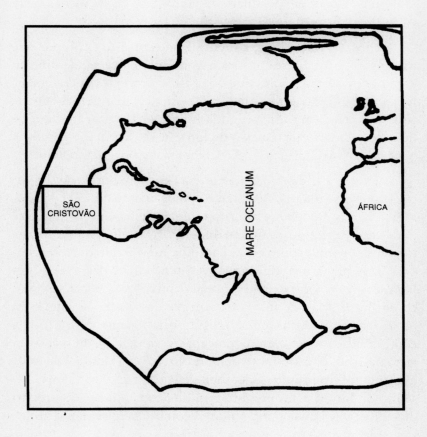

FIGURA 5. Esquema da pane ocidental do planisfério manuscrito de Juan de la Cosa, 1500. Ilustra a hipótese que identifica as terras recentemente achadas com a península asiática.

XVII

O sentido ou ser das terras que tinham sido achadas desde que Colombo realizou sua primeira viagem continuava dependendo da localização da passagem para o Oceano Índico. Mas agora a localização dessa passagem oferecia duas possibilidades. Consequentemente houve duas viagens cujos resultados deveriam resolver o dilema. Referimo-nos à chamada terceira navegação de Américo Vespúcio (viagem portuguesa, maio de 1501 a setembro de 1502) e à quarta e última viagem do almirante (maio de 1502 a novembro de 1504).

Este e o item seguinte são dedicados ao estudo dessas duas expedições que, embora independentes, constituem um único e grandioso acontecimento nos anais da história da Cultura do Ocidente. Como tal queremos apresentá-las aqui, não só porque assim o exige a lógica do processo, mas também porque, desse modo, Colombo e Vespúcio aparecem como os colaboradores que em realidade foram, e não como os rivais que uma mal aconselhada paixão pretendeu fazer deles. E além do mais, querem também reparar a injustiça histórica que foi cometida com ambos: com o primeiro, ao atribuir-lhe o suposto" descobrimento da América" que não realizou, nem poderia ter realizado; com o segundo, ao responsabilizá-lo pela suposta autoatribuição dessa inexistente façanha.

Comecemos por tomar ciência dos propósitos que motivaram ambas as expedições e, primeiro, daquela em que Vespúcio tomou parte.[75]

A frota zarpou de Lisboa em meados de maio de 1501 com destino às regiões subequatoriais recentemente achadas. Vespúcio capitaneava um dos navios e, pelo que se sabe, a armada seguia sob o comando de Gonçalo Coelho. Em princípios de junho,

---

75. Esta viagem de Vespúcio, como tudo o que fez, motivou longas e apaixonadas discussões eruditas que, para nós, se revestem de importância secundária. Decisivo em nosso problema não são os itinerários e outros detalhes dessa natureza, mas os conceitos que aparecem nos escritos do navegante.

chegaram a Cabo Verde, na costa ocidental da África, encontrando ali dois navios da frota de Álvares Cabral que vinham de regresso da Índia. Vespúcio recolheu informações a respeito dessa viagem e as transmitiu a Lorenço de Médici, em carta datada de 4 de junho de 1501. Deste documento e de uma epístola anterior, é possível inferir os propósitos de Vespúcio.[76] Na exploração que realizou sob o comando de Ojeda (1499-1500), pretendeu-se, como disse Vespúcio, *"dar la vuelta a un cabo de tierra, que Tolomeu llama Cattegara, el cual está unido al Gran Golfo"*,[77] isto é, que naquela ocasião se quis alcançar o extremo sul da penetração mais meridional da Ásia para passar, por ali, ao Sino Magno formado pelas águas do Oceano Índico.[78] Não se conseguiu tão desejado objetivo mas agora, nesta nova viagem, pretendia-se tentá-lo de novo. Vespúcio não o diz de uma maneira expressa, mas a análise da carta autoriza essa inferência, pois, de outro modo, não se emende sua afirmação expressa de que abrigava a esperança de visitar, nesta viagem, as regiões que Álvares Cabral havia reconhecido na sua recente navegação para a Índia.[79]

Em suma, no que diz respeito pessoalmente a Vespúcio, o objetivo da viagem consistia em navegar até as costas subequatoriais, reconhecidas durante a exploração que fez sob o comando de Ojeda, e que considerava serem dos litorais asiáticos. Conseguido esse primeiro objetivo, pretendia prosseguir a viagem costeira em busca do lugar onde pudesse passar para o Oceano Índico. Localizada essa passagem, desejava continuar a navegação em busca

---

76. Carta de Cabo Verde, 4 de junho de 1501, e Carta a Lorenzo di Pier Francesco de Medici, Sevilha, 18 de julho de 1500. Referências: Levillier, *América la bien llamada*, II, 278-81 e 275-8. Texto com tradução para o castelhano e para o inglês: Vespúcio, Cartas, 126-41; 283-9 e 94-125; 271-83.
77. O texto citado diz: *"perche mia intenzione era di vedere si potevo volgere uno cavo di terra, che Ptolomeo nomina in Cavo di Cattegara, che e giunto con il sino Magno."* Carta de 18 de julho de 1500. Vespúcio, Cartas, 98.
78. O "Sino Magno" a que se refere Vespúcio é o nome que se dava ao golfo que separava o Quersoneso Áureo da suposta península adicional, em cuja existência Vespúcio acreditava.
79. *"E io tengo speranza in questa mia navigazione rivedere, e correre gran parte del sopradetto, e discoprire molto piu."* Carta de Cabo Verde. Vespúcio, Cartas, 136.

da Índia e chegar até Lisboa através do Cabo da Boa Esperança, completando assim, pela primeira vez na história, a circum-navegação do globo. Não lhe faltava razão, pois dizia na carta que comentamos que o alimentava a *"esperanza de cobrar fama imperecedera, si logra regresar a salvo e este viaje"*.[80]

Vejamos agora quais foram os projetos que motivaram Colombo. Sabe-se que no dia 26 de fevereiro de 1502, quando a armada em que seguia Vespúcio percorria a costa atlântica acreditando ser uma península asiática, Colombo apresentou um memorial solicitando a autorização e os meios para empreender nova viagem. O documento se perdeu, mas o objetivo da exploração pode ser inferido pela resposta dos reis, pelas instruções que a acompanhavam e por uma carta subscrita pelos monarcas sem o nome do destinatário, mas dirigida àquele que fora o capitão de uma frota portuguesa recém enviada à Índia pela rota do oriente.[81] Dessas peças documentais, deduz-se que a expedição tinha propósitos completamente semelhantes àqueles que motivaram a de Vespúcio. A alusão a um percurso que seria muito extenso, a afirmação de que o roteiro não passaria pela Ilha Espanhola, a permissão para levar a bordo intérpretes árabes e, sobretudo, a carta destinada ao capitão português acusam, sem dar lugar a dúvidas, que o destino da exploração era alcançar as regiões da Índia, já reconhecidas pelos portugueses, sendo lícito supor-se que também se abrigaria a esperança de que o almirante regressasse à Espanha pela via do Cabo da Boa Esperança.[82] Mas é claro que, para realizar

---

80. "... *Spero venire in fama lungo secolo, se io torno con salute di questo viaggio.*" Carta de Cabo Verde. Vespúcio, Cartas, 128.
81. A Carta autorizando a viagem, o documento de instruções e a Carta para o capitão da armada portuguesa, em Navarrete, *Colección*, I, 277-82. Os três documentos estão datados de Valência de la Torre, a 14 de marco de 1502.
82. Na Carta de autorização da viagem, os reis proibiram o almirante de passar pela Espanhola, dando como razão que o roteiro da viagem era outro. Como sabemos, Colombo desobedeceu esta ordem, alegando a necessidade de trocar um dos seus navios. É provável que tivesse o desejo de falar com Bastidas, que se encontrava então em São Domingos, para informar-se até que ponto esse navegador havia levado a exploração. Oviedo afirma que Colombo "tinha informações de que o capitão Rodrigo de Bastidas havia descoberto até o golfo de Urabá, que fica a 9,5°

projeto tão ambicioso, a meta imediata de Colombo consistia, como a de Vespúcio, em encontrar a passagem para o Oceano Índico, só que a buscaria em outras latitudes. Lembre-se que, segundo as ideias que Colombo elaborou ao regresso da sua terceira viagem, essa passagem deveria estar na separação marítima entre a Ilha da Terra e o "novo mundo", onde supunham que estava o Paraíso Terrestre, e por esse rumo, de fato, os reis determinaram que ele fosse buscá-la.[83]

Eis aqui os objetivos das duas viagens destinadas a resolver o grande dilema, de cuja solução depende a verdade do ser que se vinha atribuindo às novas terras. Muito mais importante, pois de sua solução dependia a validade da maneira tradicional cristã de entender o mundo com tudo o que isso significava. Se Colombo alcançasse o seu propósito, ficaria provada a existência real do outro mundo e a crise subsequente seria inevitável; se Vespúcio realizasse o seu, não haveria lugar para alarme algum. O cenário está pronto. Agora é de se ver como vai se desenvolver, na sua dupla trama, esta espetacular comédia, nunca tão bem chamada, dos equívocos.

XVIII

Em princípios de agosto de 1501, depois de uma penosa travessia, a armada portuguesa em que seguia Vespúcio alcançou

---

(nove graus e meio), e a ponta de Caribana, que está na boca daquele golfo". *Historia*, Primeira Parte, liv. III, cap. 9.
    A referência de que se tratava de uma viagem muito longa encontra-se nas *Instrucciones*: *"porque el tiempo de agora es mui bueno para navegar, y según es largo el viaje que, Dios queriendo, habeis de ir todo el tiempo de aqui adelante, es bien menester antes que vuelva la fortuna del invierno."* Navarrete, *Colección*, I, 279.
    Por último, a permissão para levar intérpretes de língua árabe está na Carta de autorização da viagem: *"A lo que decís que querríades llevar uno o dos que sepán arábigo parescenos bien, con tal de que por ello no os detengais."* Navarrete, *Colección*, I, 277-8.
    Segundo Morison, o provável destinatário da Carta dirigida ao capitão português era Vasco da Gama, na oportunidade em sua segunda viagem para a Índia. *Admiral of the Ocean Sea*, II, 316.
83. Diego de Porras, Navarrete, *Colección*, I, 284. Fernando Colombo, *Vida*, capo 88, e Oviedo, *Historia*, Primeira Parte, III, cap. 9, documentam a busca da passagem como meta imediata da viagem.

a costa do que hoje chamamos Brasil[84] Convencidos os navegantes de se acharem sobre o litoral asiático, iniciaram a exploração costeira em direção ao sul seja para reconhecer aqueles territórios que estariam sob o domínio de Portugal, seja para buscar o cabo extremo que permitiria o acesso ao Oceano Índico. Verificando que a costa se prolongava em direção ao sul, além do que se havia suposto, a frota chegou ao ponto onde terminava a jurisdição de Portugal e começava a castelhana, de acordo com a partilha e o Tratado de Tordesilhas. Legalmente ali teria que se suspender o reconhecimento, mas se tornava insensato abandonar a exploração, pois calculavam que a costa não se prolongasse muito mais. Com esta esperança, decidiu-se continuar a exploração, mas sob o amparo de um expediente que, em todo caso, servia para salvar as aparências. A exploração se despojou do seu caráter oficial,[85] de maneira que, a partir desse momento, adquiria o caráter de uma viagem de trânsito e, a fim de evitar suscetibilidades, resolveu-se confiar o comando provisório da armada a Vespúcio. Assim foi como se explicou a sua intervenção direta nessa parte da viagem. Seja o que quer que tenha sido, o importante é que não acharam a tão desejada passagem, mas se constatou, em compensação, que aquela costa se prolongava sem fim até as regiões tempestuosas vizinhas ao círculo antártico.[86] Esta circunstância mostrou-se sobremaneira desconcertante em vista das noções anteriores que haviam motivado os projetos da exploração e era preciso tentar algum ajuste para explicar o novo dado. Com este enigma na bagagem, a frota

---

84. Para a reconstrução pormenorizada do itinerário da terceira viagem de Vespúcio, Levillier, *América la bien llamada,* II, 322-37.
85. Isso explica que a partir desse momento os textos não descrevem o itinerário como até então. Levillier distribui os dias em que a armada esteve sob o comando de Vespúcio, ao menos nominalmente, digo eu, da seguinte maneira: 20 dias até a chegada ao rio Jordão (hoje Rio da Prata); 10 dias gastos na exploração da sua embocadura, os demais no restante do percurso para o sul.
86. De acordo com Levillier, Vespúcio levou a exploração até a Patagônia, em 46° ou 47° de latitude sul. Quando os navegantes chegaram ao rio Jordão, devem ter acreditado que, por fim, haviam dado com o extremo da península e, por conseguinte, com a passagem para o Índico. Isso explica o tempo que gastaram explorando essa embocadura.

regressou a Lisboa nos primeiros dias de setembro de 1502. Deixemos Vespúcio com a preocupação de resolvê-lo para irmos ao alcance de Colombo que, mais ou menos nessa data, lutava contra a inclemência de um mar adverso.

Colombo iniciou a travessia oceânica no dia 26 de maio de 1502, partindo da Ilha de Ferro, nas Canárias.[87] Por motivos que parecem justificados, não obedeceu às instruções dos reis e se dirigiu à Ilha Espanhola em busca da Vila de São Domingos. Esta mudança de itinerário modificou a rota originalmente projetada: agora deveriam navegar a partir de São Domingos não em busca da Terra de Paria que ficava a sudeste, mas a procura da costa da terra firme asiática que ficava a ocidente e que, como sabemos, Colombo imaginava como um prolongamento do litoral de Cuba. Uma vez avistada a terra firme, o projeto era costeá-la em busca da passagem do mar que, segundo ele, a separava daquele *"nuevo mundo"*, que havia encontrado em sua viagem anterior.

Na execução desse plano, a frota chegou a uma costa que se estendia do oriente para o ocidente, o litoral Atlântico da hoje República de Honduras, e dali se iniciou a busca. Foi preciso, antes de tudo, realizar a navegação costeira em direção ao oriente, com a esperança de achar logo o cabo onde a costa dobrasse em direção ao sul e conduzisse a frota ao extremo do que se supunha ser uma península. Este trecho da navegação foi penosíssimo mas, no dia 14 de setembro, finalmente encontrou-se o cabo que, não sem motivo, Colombo denominou Cabo Graças a Deus, nome que ainda conserva. A costa se estendia diretamente ao sul; o almirante já se encontrava na região ainda inexplorada e, portanto, no trecho em que se deveria achar o lugar por onde, de acordo com as suas noções, Marco Polo teria alcançado o Oceano Índico.

Não é o caso aqui de relatar os pormenores da exploração. Basta lembrar que, na medida em que avançava, a relutante ausência da passagem era compensada pela confirmação de serem

---

87. Para a reconstrução do itinerário da quarta viagem de Colombo, veja-se Morison, *Admiral of the Ocean Sea*, II, caps. 44-50.

asiáticos aqueles territórios, confirmação tão indubitável que, quando Colombo teve notícias de minas de ouro não muito distantes, sentiu-se autorizado a concluir que eram as de Ciamba, região do Quersoneso Áureo, que Marco Polo situava como uma província no extremo meridional dessa península.[88] Com esta segurança, que prometia o próximo e inevitável encontro da desejada passagem para o Oceano Índico, a frota veio dar a uma entrada de mar que parecia ser o começo do que tanto se buscava. Isto aconteceu no dia 6 de outubro. Onze dias mais tarde, certificaram-se concretamente do engano: aquela entrada era apenas uma baía e a alucinada esperança esfumou-se para sempre.

A triste realidade trouxe consigo, no entanto, um consolo: constatou Colombo que se achava, não certamente na vizinhança de um estreito de mar que lhe permitisse alcançar o Oceano Índico, mas sim sobre a costa de um estreito de terra, istmo estreito que, como uma muralha, separava a frota daquele oceano. Disseram-lhe os nativos, e Colombo assim acreditou, que do outro lado, a apenas nove jornadas através das montanhas, encontrava-se uma opulenta província chamada Ciguare, rica em ouro, joias e especiarias, onde havia mercadores e senhores de poderosos exércitos e armadas, distante dez dias de navegação do rio Ganges.[89]

Tão extraordinária notícia convenceu o almirante de que seria em vão buscar a passagem de mar nestas latitudes, tanto mais que a costa inclinava-se para o oriente, na direção da terra de Paria, indicando assim até ela uma possível continuidade. Mesmo antes de deixar a Espanha, Colombo já havia suspeitado de que isso poderia acontecer, segundo comprova uma carta de Pedro Mártir.[90]

---

88. *"Yo, que, como dije, había llegado muchas veces a la muerte, alli supe de las minas de oro de la província de Ciamba, que yo buscaba."* Colombo, *Lettera Rarissima*, 7 de julho de 1503, Navarrete, *Colección*, I, 298. Ciamba é a Conchinchina da geografia de Marco Polo.
89. Colombo, *Lettera Rarissima*. Navarrete, *Colección*, I, 299.
90. Pedro Mártir, Carta ao Cardeal Bernardino de Carvajal. *Epistolario*, 168. Datada de 5 de outubro de 1496, mas evidentemente de data posterior ao regresso de Colombo em outubro de 1500. Disse Pedro Mártir que Colombo *"supone que estas regiones* (Paria) *están contiguas y pegadas a Cuba, de manera que ambas sean el proprio continente de la India Gangética"*.

Isso esclarece porque Colombo abandonou tão prontamente a busca da passagem marítima e porque deu tão fácil crédito à informação que lhe forneceram os nativos a respeito da existência de um istmo. Em todo caso, os resultados dessa exploração o obrigavam, como também aconteceu a Vespúcio, a modificar o esquema geográfico que lhe havia servido de base.

Podemos concluir que, do ponto de vista dos propósitos que motivaram as duas viagens, ambas foram um completo fracasso, mas um fracasso que teve, no entanto, a consequência de tornar possível uma inesperada e decisiva revelação. Para mostrar como isto pôde acontecer, é preciso que tenhamos conhecimento prévio das ideias que Colombo e Vespúcio formularam, cada um por sua vez, a partir de suas respectivas experiências. Examinemos primeiro a hipótese do almirante.

XIX

Para determinar qual terá sido o pensamento de Colombo, depois de sua quarta e última viagem, em relação ao problema que nos interessa, é preciso recorrer à estranha carta que, da Jamaica, dirigiu a Fernando e a Isabel, no dia 7 de julho de 1503, a chamada *Lettera Rarissima*.[91]

Desde o início, o que surpreende neste documento é o silêncio total que o almirante mantém a respeito da busca da passagem do mar ao Oceano Índico que, como sabemos, foi o objetivo principal da viagem. Isto se deve às informações que recolheu, referentes à existência de um istmo que separava aquele Oceano do Atlântico, que alteraram radicalmente as suas noções anteriores. Realmente, do conteúdo da *Lettera Rarissima* deduz-se com clareza que a notícia

---

91. Com este título Jacobo Moreli publicou a carta em 1810. Em 1505, havia sido impressa em Veneza, em tradução latina. A carta deve ter chegado à Espanha, no mais tardar, em fins de junho de 1504. Texto em Navarrete, *Colección*, I, 296-313. Trata-se de um estranho documento que revela a confusão mental do almirante, vítima, na oportunidade, de sua abalada saúde. Veja.se a alucinação que teve nesta viagem e que relata em cores tão patéticas.

daquele istmo obrigou-o a abandonar definitivamente a sua suposição a respeito da existência de uma terra firme austral, independente e separada do *orbis terrarum* para aceitar, em troca, a ideia da sua união, a tudo considerando como os litorais da Ásia. Em outras palavras, o fracasso a respeito da localização da passagem marítima convenceu o almirante a aceitar como verdadeira a tese da península adicional da Ásia, de maneira que acabou pensando que os litorais das duas massas de terra firme, localizadas em ambos os hemisférios, eram contínuos, mas sempre na crença de que Cuba não era uma ilha, mas que formava parte da terra firme.[92] Um dos croquis do mapa desenhado por Bartolomeu Colombo,[93] a propósito da viagem e à margem de uma cópia da *Lettera Rarissima*, é o testemunho cartográfico que expressa a nova hipótese do almirante. (Fig. 6)

Vejamos agora o que Vespúcio pensou sobre a inesperada comprovação de que a terra firme que havia explorado se prolongava interminavelmente até o polo antártico. É óbvio que essa circunstância tornava impossível sustentar a anterior identificação desses litorais com os da suposta península adicional da Ásia porque, se fosse o contrário, não se podia explicar o acesso marítimo empregado por Marco Polo para alcançar o Oceano Índico. Era forçoso concluir que se tratava de uma terra firme, separada do *orbis terrarum* pelo mar. O que era então essa terra? No espírito de Vespúcio deveria imperar o desconcerto, de que se encontram vestígios nas primeiras cartas que escreveu depois do

---

92. Na *Lettera Rarissima,* Colombo expressamente insiste na sua ideia de que Cuba é a província chinesa Mangi. Navarrete, *Colección,* I, 304. Em outra passagem, I, 307, afirma que encontrou *"la gente de que escribe Papa Pío".* Refere-se à *Cosmographia seu historia rerum ubique gestarum locorum descriptio* de Aeneas Silvio. Segundo Morison, *Admiral of the Ocean Sea,* II, 342, Colombo refere-se aos antigos cibas. Na mesma Carta, Colombo diz que Salomão e David extraíram ouro das minas de Veragua, fundamentando-se nas autoridades das Escrituras (*Paralipómenos y Reyes*) e no *De antiquitatibus* de Josefo, VIII, 6, 4.
93. Os croquis originais foram desenhados por Bartolomeu Colombo à margem de uma cópia da *Lettera Rarissima.* Veja-se F. R. von Wieser *"Die Karte des Bartolomeo Colombo über die vierte Reise des Admirals."* Reimpressão de *Mitt. des Inst. für Österreichische Geschichtsforschung.* Innsbruck, 1893.

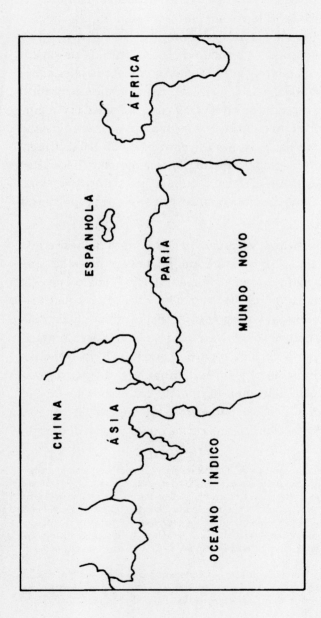

FIGURA 6. Esquema da composição dos croquis de Bartolomeu Colombo, 1503-1506. Ilustra as ideias geográficas de Cristóvão Colombo.

regresso da viagem. De fato, na carta dirigida a Lorenço de Médici para dar-lhe conhecimento da exploração,[94] mostra-se moderado e reticente, atitudes que foram explicadas unicamente pelo temor que lhe inspirava o rei de Portugal. Pode ser, mas o certo é que quase nada disse a respeito da questão que aqui nos interessa. Afirma que a terra explorada é de dimensões continentais; que a armada percorreu suas costas até próximo dos cinquenta graus de latitude sul; que observou e tomou nota dos movimentos dos corpos celestes visíveis naquele hemisfério e de outras coisas que lhe pareceram dignas de registro, porque tinha o projeto de escrever um livro com o relato de suas viagens; e, por último, que a armada penetrou até a *"región de los antípodas"*, pois o percurso abarcou *"una cuarta parte del mundo"*.[95] Isso é tudo. Está claro que se Vespúcio tinha nesse momento alguma ideia mais precisa, não a expressou, mas nos parece que a carta revela, antes, as incertezas do seu íntimo.

De fins de 1503 ou princípios de 1504, temos outra carta de Vespúcio que também nada esclarece, pois é um documento escrito na defesa de alguns conceitos afirmados na anterior.[96] Não se pode dizer o mesmo, no entanto, da seguinte na ordem cronológica, a famosa carta chamada *Mundus Novus,* cujo texto vamos considerar a seguir.[97]

Disse Vespúcio, numa passagem que se tornou célebre,[98] que é lícito designar com "novo mundo", as regiões que visitou

---

94. Carta de 1502, enviada de Lisboa a Lorenzo di Pier Francesco de Mediei, Vespúcio, *Cartas*, 142-53.
95. Esta expressão não se refere a ideia de um quarto continente; significa que a navegação compreendeu 90° de altitude terrestre, ou seja, 40° de Lisboa até o equador e 50° até o limite da exploração.
96. Carta fragmentária relativa a terceira viagem. 1502, Vespúcio, *Cartas*, 154-69.
97. Carta chamada "El Nuevo Mundo". 1503 ? Vespúcio, *Cartas*, 170-95.
98. O texto completo é o seguinte: *"Alli passati zorni assai amplamente te scrissi della mia retomata de quelli novi paese, i quali et cum l'armata et cum le spese et comandamento de questo serenissimo re de Portogallo havemo cercato et retrovato; i quali Novo Mondo chiamare nesta licito, perche apresso de i mazori nostri niuna de quelli e stata hauta cognitione, et a tutti quelli che aldiranno sera novissime cose, imperoche questo la oppinione de li nostri antiqui excede, conciosia che de quelli la mayor parte dica ultra la Linea equinotiale et verso el mezo zorno non esser continente, ma el mare solamente, el*

durante a viagem por duas razões. A primeira, porque ninguém antes soube que existiam; a segunda, porque é opinião comum que o hemisfério Sul estava ocupado somente pelo Oceano. Bem, parece claro que esses dois motivos justificam qualificar as regiões a que se refere Vespúcio como algo "novo" no sentido de recém-achadas e não previstas. Mas, por que há de ser lícito considerá-las como um "mundo"?

Vespúcio responde de uma maneira indireta quando acrescenta, em continuação, que se é certo que alguns admitiam a possibilidade da existência de semelhante terra no hemisfério Sul, também negaram com muitas razões que fosse habitável, opinião que agora a experiência desmente, pois a terra que ele visitou está habitada por *"más multitud de pueblos y animales que nuestra Europa, o Asia o bien África ",* disse. Desse esclarecimento resulta, primeiro, que ele concebe inequivocamente as terras que explorou como uma entidade geográfica diferente do *orbis terrarum,* pois de uma maneira expressa as distingue das três partes que tradicionalmente o integravam. Mas, segundo, que a existência de semelhante entidade não era tão imprevisível como afirmou a princípio, já que admite que alguns reconheciam essa possibilidade. Assim vemos que, para Vespúcio a verdadeira novidade do caso está em que se trata de umas terras austrais habitáveis e de fato habitadas e, por isso, são não só algo novo no sentido de que eram desconhecidas, mas que constituem exatamente um "mundo" novo.

O pensamento de Vespúcio é muito claro se estiver referido ao horizonte cultural que lhe empresta sua significação. Para ele como para qualquer contemporâneo seu, a palavra "mundo"

---

qual Atalantico hanno cltimato; e si qualche uno de quelle continente li essere hanno afirmato, quella esser terra habitabile per molte rasione hamno negato ma questa sie opinione esser falsa et a la verita ogni modo contraria, questa mia ultima navigatione he dechirato, conciosia che in quelle parte meridionala el continente io habia retrovato de piu frequenti populi et animali habitato de la nostra Europa o vero Asia o vero Affrica, et ancora l'aere più temperato et ameno che in que banda altra regione da nui cognosciute, como de sotto intenderai, dove brevemente solamente de le cose i capi scrivemo et le cose più degne de annotatione et de memoria, le quale da mi o vero viste o vero audite in questo novo mondo foreno, como de sotto seranno manifestate." Levillier, *Cartas de Vespúcio,* 170-2.

referia-se, já sabemos, ao *orbis terrarum,* unicamente à Ilha da Terra, ou seja, àquela porção do globo que compreendia Europa, Ásia e África e que havia sido destinada por Deus ao homem, para que nela vivesse com exclusão de qualquer outra parte. Assim, é que se a ele pareceu lícito designar as regiões recém exploradas como um "novo mundo" é porque as imaginou, como já as havia imaginado antes hipoteticamente Cristóvão Colombo, como um dos tais *orbis alterius* admitidos pelos pagãos, mas não aceitos pelos autores cristãos, pois podiam implicar uma inaceitável e herética pluralidade de mundos. Contrariamente a tudo quanto se vem afirmando e repetindo, não se deve ver na hipótese de Vespúcio uma genial e surpreendente intuição da América, conforme se tem pretendido entender. O que aconteceu foi que Vespúcio, atento à possibilidade empírica de continuar explicando como asiáticas as terras que explorou e tendo verificado, portanto, que estava na presença de uma entidade geográfica desconhecida, recorreu a um conceito antes empregado pelo almirante em conjuntura semelhante e que, como ele, também abandonará por ser uma solução inaceitável, como veremos em momento oportuno.

Esta maneira de compreender a intervenção de Vespúcio, expurga-a desse ar apocalíptico e quase milagroso com que se costuma apresentar[99] e que, não sem motivo, torna tão suspeita aos olhos preconceituosos daqueles que insistem em ver em tudo aquilo que se refere a Vespúcio a maléfica intenção de furtar a Colombo os lauréis de sua fama. Isso não quer dizer que a sua ideia não implica um decisivo passo no desenvolvimento do processo, como se verificará adiante, quando se comparar com a hipótese paralela que Colombo havia formulado nos preparativos de sua terceira viagem.

Antes de nos ocuparmos de tão importante tema, é interessante assinalar o curioso paradoxo em que veio dar a tentativa de resolver o dilema suscitado pela busca da passagem para o Oceano Índico.

---

99. Veja-se a respeito e como exemplo, as exaltadas frases do meu admirado amigo Roberto Levillier em sua *América la bien llamada,* II, pp. 334-5.

De fato, agora vê-se que o fracasso de ambas as viagens acabou provocando uma inversão diametral, pois, assim como Colombo se viu obrigado a aceitar a tese que havia servido a Vespúcio como base da sua exploração, tese que postulava a existência de uma península adicional da Ásia, este também se viu forçado a aceitar a tese desprezada por Colombo, que supunha a existência de um novo mundo. Colombo iniciou a sua viagem com o propósito de comprovar sua hipótese da existência de dois "mundos" e voltou com a ideia de que tudo era um só e o mesmo mundo; Vespúcio iniciou sua viagem com o projeto de comprovar que tudo era um só e o mesmo mundo e voltou com a ideia de que havia dois. O processo, ao que parece, permaneceu encerrado num circulo vicioso, sem saída. No entanto...

XX

Em história, como manifestação que é da vida, não se sabe hoje qual é o dinamismo que torna impossível, excetuando a morte, que seus processos se afoguem em dúvidas. Por isso, em história, só os conceitos de erro, de contradição e de fracasso têm vigência verdadeira. Tudo é movimento e torna-se maravilhoso comprovar que uma situação que parece insolúvel é, em realidade, um novo e vigoroso ponto de partida para alguma meta imprevisível. Assim, contra toda a aparência, aquela inversão de termos na qual não se percebe alteração essencial a respeito da posição anterior, foi apenas a abertura pela qual o processo pôde tomar um novo e inusitado rumo. Vejamos como isto se operou.

A ideia que Vespúcio teve a respeito da existência do novo mundo parece-se tanto com aquela que Colombo havia tido que, vistas de fora, são quase idênticas. De fato, o almirante não só proclamou que havia encontrado uma imprevisível e extensa terra austral, diferente e separada do *orbis terrarum,* ignorada pelos antigos e desconhecida dos contemporâneos, como também a imaginou como um novo mundo. Uma cuidadosa reflexão permite descobrir, entretanto, que entre as duas hipóteses há uma diferença fundamental, alicerçada nos diferentes motivos que, respectivamente, levaram seus autores a formulá-las. Consideremos, primeiro, o caso de Colombo.

Colombo pensou que havia achado uma massa de terra firme austral, separada da massa de terra firme setentrional, não porque houvesse comprovado empiricamente, mas porque assim o exigia sua ideia anterior de que esta última era o extremo oriental asiático da Ilha da Terra. Em outras palavras, concebeu a existência de um novo mundo, obrigado pela exigência de resguardar a verdade da sua hipótese anterior. Vemos, então, que a explicação do novo dado empírico (a existência de uma massa de terra firme austral) estava condicionada pela prévia ideia de que as terras achadas nas viagens anteriores pertenciam à Ásia. Trata-se, pois, de uma hipótese com fundamento *a priori*. Por isso, quando Colombo verificou, na quarta viagem, que não era necessário postular a separação das duas massas de terra firme para resguardar a sua ideia de que a massa setentrional era a Ásia (admitindo a tese da península adicional), sem dificuldades abandonou a sua hipótese da existência de um novo mundo.

É possível concluir, então, que a hipótese do almirante, dada a sua motivação, não pode colocar em crise a prévia ideia que lhe deu vida, ou dito de outra maneira, que o fato de haver encontrado uma massa de terra firme num lugar não previsto, não conseguiu impor-se como a revelação possível, pois Colombo acreditou poder explicá-la dentro do quadro da imagem tradicional do mundo.

Voltemos agora nossos olhos para a hipótese de Vespúcio: ele imaginou que havia explorado os litorais de uma massa de terra firme austral, separada da massa de terra firme setentrional, porque isto foi comprovado empiricamente, já que era impossível continuar supondo que aquela massa pertencesse à Ásia, apesar de ser essa a sua ideia original. Vespúcio, diferentemente de Colombo, concebeu a existência de um novo mundo, apesar e ao contrário da sua hipótese anterior. Vemos que a explicação do novo dado empírico – a existência de uma massa de terra firme austral – não está condicionada, como aconteceu a Colombo, pela prévia ideia de que as terras achadas antes pertenciam à Ásia, mas que é independente da verdade ou da falsidade dessa ideia. Trata-se de uma hipótese com fundamento *a posteriori*. Assim, a necessidade empírica que levou Vespúcio a supor que a massa de terra firme explorada não podia ser asiática não significou nada a respeito da massa de terra firme setentrional. Isto quer dizer que, em princípio, a separação ou não dessas duas massas de terra firme por um braço de mar, será indiferente para a validade da ideia de que as terras exploradas por ele não sejam asiáticas porque, em qualquer caso, não haverá necessidade de abandoná-la.

Dito de outra maneira, se existe uma separação marítima entre as duas massas de terra, conforme imaginou Vespúcio, torna-se *necessário* admitir, como ele próprio admitiu, que a massa meridional é uma entidade geográfica diferente da Ilha da Terra e torna *possível* supor a mesma coisa a respeito da massa setentrional. Se, no entanto, não existe essa separação marítima, será *necessário* então admitir que ambas as massas constituem uma entidade geográfica diferente da Ilha da Terra. Como esta última era a hipótese mais ousada, nada tem de surpreendente que ele se tenha definido pela primeira, como tampouco é surpreendente que mais tarde, segundo veremos, já não tenha insistido nela.

Podemos concluir que a hipótese de Vespúcio contém em si a possibilidade de transcender a premissa fundamental – a suposta excessiva dimensão da Ilha da Terra – que vinha obrigando a identificar as terras achadas com litorais asiáticos, pois cancelou, como necessário, o pressuposto – a passagem para o Oceano Índico – do qual dependia a validade dessa identificação. Ninguém contesta a decisiva importância desta conclusão, porque assim se compreende que a exploração realizada por ele *conseguiu converter-se na instância empírica que abriu a possibilidade de explicar a existência das terras encontradas no Oceano de uma maneira diferente daquela determinada pela colocação inicial.* Em suma, se nos ativermos aos termos concretos da tese de Vespúcio, não se pode dizer que esta superou a tese anterior de Colombo, porque ao conceberem a massa de terra firme austral como um "novo mundo", ambos permaneceram dentro do marco das concepções e das premissas tradicionais. Mas se nos ativermos às implicações da tese de Vespúcio, então deve-se dizer o contrário, porque ao conceber a massa de terra firme austral como um "novo mundo", abriu a possibilidade, que a tese de Colombo não continha, de imaginar a totalidade das terras achadas de um modo que ultrapassa o marco das concepções e premissas tradicionais.

Aqui nos despedimos de Colombo como do herói que, conduzindo as hastes à vitória, cai no meio do caminho, pois, se é certo que as suas ideias sobreviveram em muitos dos seus partidários, não é menos certo que o caminho com promessa histórica foi aquele que Vespúcio abriu. Vamos analisar em seguida como se atualizou a nova possibilidade.

XXI

A velha teoria da Ilha da Terra, como único lugar destinado ao homem para seu domicílio cósmico, está a ponto de entrar em definitiva crise e bancarrota. As probabilidades de salvá-la são, em verdade, escassas. Será tentado, no entanto, um último e desesperado esforço. Passemos a examiná-lo.

De acordo com a hipótese de Vespúcio, a situação é a seguinte: temos no hemisfério Norte uma extensa costa identificada como pertencente ao extremo oriental do *orbis terrarum,* ou mais concretamente, como o litoral atlântico da Ásia; e temos, no hemisfério oposto, separada da anterior, outra costa que, se estendendo em direção ao Polo Sul, ficava rotulada como pertencente a um "novo mundo". Os mapas de Contarini (1506) e de Ruysch (1507 ou 1508) (Fig. 7) expressam graficamente esta tese.[100]

---

100. Contarini, Giovanni Matteo, Mapa gravado por Francesco Roselli. Florença (?) 1506. Referências: J. A. de Villiers, A *Map of the World designed by Gio. Matteo* Cantarini, Londres, 1924. Reproduzido na citada obra de Villiers.

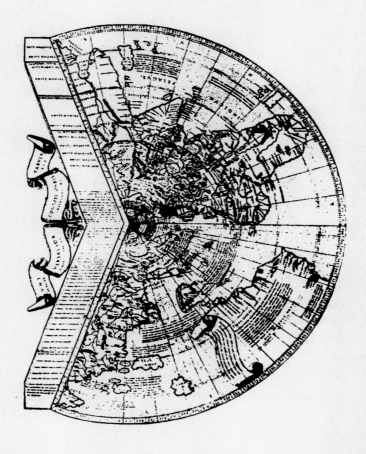

FIGURA 7. Joannes Ruysch, *Universalior cognit Orbis. Tabula...* Em Ptolomeu, *Geographia*, Roma, 1508. As terras austrais recentemente achadas aparecem como um *orbis alterius*.

Bem, já constatamos que esta solução não era aceitável porque implicava uma pluralidade de mundos, mas também acabamos de esclarecer que não era a única solução possível para dar conta dos resultados da exploração em que Vespúcio tomou parte. Efetivamente, vimos que uma vez admitido como *necessário* que os litorais da massa de terra austral não podiam continuar a ser entendidos como asiáticos, já era *possível* supor a mesma coisa a respeito da massa de terra setentrional, sendo que nessa possibilidade é que residia, exatamente, a enorme diferença entre as hipóteses paralelas de Vespúcio e Colombo. Foi assim que surgiu a ideia de que essa terra setentrional bem poderia ser outra grande ilha, igualmente até então desconhecida dos antigos e comparável àquela que Vespúcio, na falta imediata de um outro conceito, havia considerado lícito imaginar como um novo mundo.

Esta tese das duas grandes ilhas oceânicas, que viria substituir a inaceitável hipótese de um "novo mundo", encontrou sua expressão numa série de mapas desenhados por volta de 1502. Referimo-nos aos mapas manuscritos conhecidos por King-Hamy-Huntington, por Kuntsmann II, por Nicoló Caneiro (Fig. 8) e por Alberto Cantino.[101] Nestes documentos cartográficos, apesar das

---

Ruysch, Joannes. *Universalior cogniti Orbis Tabula...* 1507 ou 1508. Referências: Harrisse, *The Discovery of North America*. Londres e Paris, 1892, p. 449-53. Reproduzido: (em sua terceira etapa) Nordenskiöld, *Facsimile-Atlas,* lâmina XXXII.

101. *Carta King-Hamy-Huntington*. Mapa manuscrito. Anônimo; c. 1502. Referências: J.T.E., "Notice sur une mappemonde portugaise anonyme de 1502", em *Buletin de Geographie Historique* et *Descriptive,* 1886. Paris, 1887. N° 4. Reproduzido: Nordenskiöld, *Periplus,* lâmina XLV.

Kuntsmann II. Munique-Português. Mapa manuscrito. C. 1502 anônimo. Referências: Kuntsmann, *Atlas zur Entdeckungsgeschichte Amerikas*. Munique, 1859. Levillier supõe (Vespúcio, *Cartas,* 91) que este mapa é um desenho de Vespúcio.

Caneiro Januensis, Nicoló de. Mapa manuscrito. C. 1502. Referências: E.L.Stevenson, *Marine World Chart of Nicolo de Caneiro Januensis 1502 (circa). A criticae study with Facsimile. Issued under the joint Auspices of the American Geographical Society and the Hispanic Society of America.* N. York, 1908. Reproduzido nessa mesma obra.

Cantino, Alberto. *Carta da navigar per le Isole nouamente tr. in le parte de l'India.* Mapa manuscrito. C. 1502. Anônimo. O mapa foi presenteado por Alberto Cantina ao Duque de Ferrara. Referências: Nordenskiöld, *Periplus,* 149-50; E.L. Stevenson, *Maps illustrating early Discovery and Exploration in America 1502-1530 reproduced by Photography from the Original Manuscripts.* New Brunswick, N. Jersey, 1903. Reproduzido nesta última obra. N° 1.

diferenças de detalhe,[102] a novíssima ideia de que a massa de terra setentrional constituía também uma entidade independente do *orbis terrarum* aparece clara e vigorosa mente expressa. Ao mesmo tempo, é mantida a suposição de sua separação da massa meridional, mas de uma maneira tão notória e exagerada que o conjunto das novas terras não se impõe como uma única entidade em contraste com a enorme massa da Ilha da Terra, ao contrário, tem o aspecto de duas grandes ilhas situadas a ocidente da Europa,[103] sem que fique sugeri da ainda a imagem do oceano que agora chamamos de Pacífico. (Fig. 8)

O sentido desta nova maneira de explicar a existência de todas as terras que haviam sido achadas desde 1492 é que, dessa forma, tentava-se salvar a concepção unitária do mundo exigida pelo dogma da unidade fundamental do gênero humano, ameaçado pela hipótese de Vespúcio, pois a tese das duas grandes ilhas oceânicas mantinha, pelo menos em aparência, a imagem geográfica tradicional do mundo.

A tentativa, entretanto, não era satisfatória. Embora essas duas grandes e estreitas ilhas[104] estivessem habitadas, sua existência oferecia, fossem ou não concebidas como um "mundo novo", as mesmas objeções religiosas e evangélicas que haviam levado os tratadistas cristãos a repudiar a ideia pagã de outros possíveis mundos, diferentes daquele abrigado na Ilha da Terra. Assim, a única coisa que se conseguia com a tese das duas ilhas era recusa verbal de uma explicação que, expressamente, ameaçava o conceito

---

102. Uma diferença notável é que o *Kuntsmann II* unicamente traça o desenho dos litorais das novas terras, sem se atrever a completá-las imaginariamente, como acontece nos três mapas.
103. Esta ideia está confirmada pelo título do mapa de Cantina (vide nota 101), que expressamente se refere às novas terras como ilhas. A mesma ideia aparece no título que o primitivo editor italiano deu à Carta de Vespúcio de 4 de setembro de 1504, sem que isso signifique que este tenha sido o pensamento de Vespúcio. (Vide nota 105).
104. A ideia, neste momento ainda predominante, de que tinha que ser pequena a superfície da terra não submersa em relação à do mar, levava a supor que as ilhas seriam estreitas como, efetivamente, aparecem nos mapas citados.

A INVENÇÃO DA AMÉRICA

FIGURA 8. Esquema da porção ocidental do Mapa de Nicolo Caneira Januesis, *ca.* 1502. As terras recentemente achadas aparecem como duas grandes ilhas no Oceano.

fundamental da unidade do mundo, ao recorrer a uma imagem geográfica que, na aparência, apenas corrigia a imagem tradicional acrescentando-lhe duas ilhas que em nada a alteravam substancialmente.

As considerações anteriores nos permitem entender a fundo os motivos que levaram os autores dos mapas que acabamos de mencionar a aceitar e exagerar a suposta separação entre as duas massas de terra que haviam sido achadas, pois na medida em que se exagerava essa separação, nessa mesma medida se atribuía importância a essas terras, como uma entidade geográfica comparável ao *orbis terrarum*. Visto que este expediente não solucionava na essência o problema, conforme acabamos de explicar, e visto que a experiência acumulada na exploração de Vespúcio oferecia a possibilidade real da outra alternativa, a saber, a união das duas massas de terra, não havia nenhum impedimento para que não fosse aproveitada. Nisso consiste o próximo passo do processo, que vamos estudar a seguir.

Em suma, a tese de imaginar as novas terras simplesmente como duas ilhas oceânicas foi uma primeira tentativa de explicá--las como entidades geográficas independentes, sem a necessidade de recorrer à noção tradicional, mas inaceitável para o Cristianismo, da plural idade de mundos. Se é certo que essa tentativa foi insuficiente, nem por isso foi em vão; ao contrário e graças a ela, as novas terras, inicialmente imaginadas como uma parte da Ilha da Terra, desprenderam-se totalmente dela. Trata-se, pois, do momento crítico em que surge a necessidade de lhes atribuir um sentido próprio, um ser específico que as individualize. Por ora, no entanto, ainda não se trata da América.

XXII

Para verificar de que maneira se deu o próximo passo no processo, é necessário recorrer a outro texto famoso de Vespúcio, sua carta datada de Lisboa, no dia 4 de setembro de 1504, conhecida como a *Lettera* ou, em sua versão latina, como as *Quatuor Americi Vesputti navigationes*.[105]

O que primeiro chama a atenção é que neste documento se apresenta o conjunto das explorações sem alusão à circunstância de que, por algum tempo, as novas terras tenham sido consideradas como parte da Ásia. É que o autor simplesmente quis oferecer ao seu destinatário o panorama geral de suas viagens à luz de suas últimas conjecturas. Mas o verdadeiramente surpreendente é que já não emprega o conceito de "novo mundo", que propôs em carta anterior, como a maneira correta de conceber a massa de terra austral, cujos litorais havia percorrido. Tratemos de verificar, então, como Vespúcio agora entende as novas terras, pois elas não aparecem nem como parte do orbis terrarum nem como um desses outros orbes hipoteticamente admitidos pela ciência clássica.

Vespúcio afirma no preâmbulo que escreve de *"cosas no mencionadas ni por los antiguos ni por los modernos escritores"*.[106] Esclarece, mais adiante, que seu desejo é o de transmitir o que viu *"en diversas regiones del mundo"* nas viagens que empreendeu com o objetivo de *"descubrir nuevas tierras"*.[107] Esta maneira de se referir ao motivo de suas explorações como "novas terras" que formam parte "do mundo" repete-se ao longo da carta,[108] e revela uma imprecisão e uma indefinição significativas. Mas isso não é tudo: no inicio do relato da primeira viagem, apresentada como uma empresa descobridora de *"nuevas tierras hacia el occidente"*, diz que se acharam *"mucha tierra firme e infinitas islas, muchas de ellas*

---

105. *Lettera de Amerigo Vespuci delle isole nuovamente trovate in quatro suoi viaggi*. Lisboa, 4 de setembro de 1504. Vespúcio, *Cartas*, 200-67; referências e nota editorial, 77-86 e 198-9. Veja-se também Levillier, *América la bien llamada*, I, 268-78; 361-6 e II, 288-94. Neste estudo, não fazemos referência à quarta navegação de Vespúcio porque foi uma viagem em que fracassaram os seus propósitos. Para um relato desta viagem, veja-se o estudo de Levillier em Vespúcio, *Cartas*, 46-52. Alguns colocam em dúvida a existência desta navegação. *Mostra Vespuciana. Catálogo*. Florença, 1955, lâminas VI e VIII.
106. Vespúcio, *Cartas*, 201.
107. *Ibid*. 201.
108. *Ibid*. 203, 233, 251 e 259.

habitadas, de las quales los antiguos escritores no hacen mención", porque, acrescenta Vespúcio, *"creo que de ellas* (a terra firme e as ilhas) *no tuvieron notícia; que si bien me recuerdo, en alguno he leído que consideraban que este mar oceano era mar sin gente"*.[109] Já vimos que Vespúcio repete o argumento que aduziu em sua carta anterior para justificar como lícita a designação de mundo novo, mas agora não insiste nesse conceito nem se refere tão somente ao hemisfério austral (como na carta anterior) pois está falando das terras achadas a ocidente da Europa.

Em outras passagens,[110] a *Lettera* oferece dados de localização geográfica, mas em nenhum momento aparece a tentativa de definir ou de identificar as regiões de que trata, salvo no caso de uma das primeiras ilhas achadas por Colombo, provavelmente a Espanhola, que Vespúcio pensa ser a Antilha,[111] indício de que não considera como parte da Ásia a terra firme adjacente.

É de significativa importância, de outra parte, um dos primeiros parágrafos relativos à segunda viagem, porque nele Vespúcio nos dá a entender que havia se decidido em favor da tese da continuidade das duas massas de terra firme,[112] de onde é possível inferir-se que imaginava o conjunto das novas terras como uma unidade geográfica, uma grande barreira que corria de norte a sul ao longo dos dois hemisférios e que estava atravessada no Oceano no caminho da Europa à Ásia pela rota do ocidente.

Por último, a *Lettera* é prolixa em interessantíssimos dados e informações a respeito da riqueza das novas terras, sua flora, sua fauna e seus habitantes. Este aspecto do documento ultrapassa nossos interesses imediatos, salvo quando indica que, em nenhum momento, nada há que se possa interpretar no sentido de que

---

109. *Ibid.* 204-5.
110. *Ibid.* 205 e 233.
111. *Ibid.* 246.
112. *"En cuarenta y cuatro dias llegamos a una tierra, que juzgamos era tierra firme y continuación de la más arriba mencionada."* Refere-se à que acharam na primeira viagem. Vespúcio, *Cartas*, 233.

Vespúcio pense que tais terras sejam asiáticas. Ao contrário, o autor traça um quadro de regiões inéditas, assombrosas e estranhas.

Da análise anterior é possível deduzirem-se duas afirmações fundamentais.

Primeira, que na *Lettera* temos o documento onde pela primeira vez o conjunto das terras achadas é concebido como uma única entidade geográfica, separada e diferente da Ilha da Terra.

Segunda, que na *Lettera*, entretanto, existe uma indeterminação a respeito do ser dessa entidade pois, ao mesmo tempo que Vespúcio abandonou o conceito de "novo mundo", nada propôs para substituí-lo. Vespúcio deve ter compreendido, pois, que se tratava de um conceito inadmissível pelo pluralismo de mundos que implicava, mas não pôde ou não quis, arriscar-se a propor o que seria adequado, dada sua nova visão das coisas.[113]

Podemos concluir, então, que na *Lettera* atualizou-se a crise que ocorreu pela primeira vez quando Colombo se viu obrigado, contra todos os seus desejos, a reconhecer que uma parte das terras achadas por ele não podia ser entendida como pertencentes ao *orbis terrarum*. Mas agora a velha imagem medieval teve que ser substituída diante das exigências dos dados empíricos e, dada a incapacidade de serem admitidos por meio de uma explicação satisfatória, surge a necessidade de se atribuir um sentido próprio a essa entidade que está ali reclamando o seu reconhecimento e um ser específico que a individualize. Vespúcio não se deu conta desta necessária implicação nem tentou fazer frente àquela necessidade. Quando isto acontecer, a América terá sido inventada.

---

113. Até os maiores conhecedores de Vespúcio admitem um significado ideológico maior à epístola *Mundus Novus* do que à *Lettera*, como reveladora de um novo ente geográfico. É que se associa indevidamente o conceito de "novo mundo", proposto na carta, ao de novo mundo que faz referência à América. Devido a este equívoco deixa-se sem explicação o fato de Vespúcio não ter insistido naquela designação na *Lettera*, desconhecendo-se ao mesmo tempo a mais decisiva contribuição dele ao processo ontológico americano.

XXIII

Temos agora à vista uma gigantesca barreira[114] atravessada de norte a sul no espaço que separa os extremos ocidentais e orientais da Ilha da Terra; o problema consiste em determinar que sentido ou ser será atribuído a esse imprevisto e imprevisível ente que havia brotado no Oceano. Para esclarecer esta incógnita, devemos ter ciência do conteúdo de dois famosíssimos documentos, a saber: o célebre texto intitulado *Cosmographiae Introductio*, publicado em 1507 pela Academia de Saint-Dié,[115] que incluiu a *Lettera* de Vespúcio em tradução latina, e a não menos célebre e espetacular carta geográfica destinada a ilustrá-lo, o mapa-múndi de Waldeseemüller, também de 1507.[116] (Fig. 9a)

Na *Cosmographiae Introductio* diz-se: a) que, tradicionalmente, o orbe ou a Ilha da Terra em que se abrigava o mundo, era dividido em três partes: Europa, Ásia e África; b) que em vista de recentes

---

114. Esta noção das novas terras como uma barreira entre a Europa e a Ásia, as fez parecer como um estorvo para realizar o velho e alucinante desejo de estabelecer um fácil contato com as riquezas do Extremo Oriente. Sentimento semelhante foi decisivo para precipitar o processo ontológico que estamos reconstruindo, que agiu como catalisador ao forçar a atenção sobre o estorvo como algo irritante que, por isso, reclama o reconhecimento da sua identidade. Isto ajuda a entender porque foi nesse momento que surgiu um interesse pelas novas terras, mas já não como uma possível e uma decepcionante Ásia; ajuda a entender também porque apareceu nesse momento um menosprezo por elas e por sua natureza, que deu lugar a esse denso fenômeno histórico que já qualifiquei de "calúnia da América" (veja-se meu livro *Fundamentos de la historia de América*. México, 1942, pp. 110 e seguintes); ajuda a entender porque, por último, a hipótese da unidade das novas terras, como um ente geográfico diferente e separado da Ilha da Terra, obteve um triunfo tão prematuro, em vista da sua tardia demonstração empírica, a saber: a exploração de Viro Bering no século XVIII.
115. *Cosmographiae Introductio. Cum quibusdam geometrial ac astronomiae principiis ad eam rem necesariis. In super quatuor Americi Vespucii navigationes. Universatis cosmographiae descriptio tam in solido quam plano eis etiam insertis quae Ptholomeo ignota a nuperis reperta Sunt.*
116. Waldsseemüller, Martin. *Universalis Cosmographia secundum Ptholomaei Traditionem et Americi Vespucii aliorumque lustrationes*. St. Dié ou Estrasburgo, 1507. Referências: Jos. Fischer e Franz von Wieser, *The Oldest Map with the name America of the Year 1507 and the Carta Marina of the Year 1516 by M. Waldsseemüller. (Ilacomilus)*. Innsbruck, 1903. Reproduzido pelos mesmos autores em *Die Weltkarten Waldsseemüllers*, Innsbruck, 1903.

FIGURA 9a. Planisfério de Martin Waldseemüller. *Universalis Cosmographia secundum Ptolomaei traditionem et* Americi *Vespucii aliorumque lustrationes,* 1507. As terras recentemente achadas como a quarta parte do mundo. (O continente americano com um estreito de mar entre as massas setentrional e meridional de terra.)

explorações, apareceu uma "quarta parte"; c) que, como foi imaginada[117] por Vespúcio, não parece existir nenhum motivo justo que impeça que se a denomine Terra de Américo, ou melhor, América, pois Europa e Ásia têm nomes femininos; d) esclarece-se que essa" quarta parte" é uma ilha, diferentemente das outras três partes que são "continentes", isto é, terras não separadas pelo mar, mas vizinhas e contínuas.[118]

O mapa de Waldseemüller (Fig. 9b) ilustra graficamente os conceitos anteriores mas, para nós, sua verdadeira importância não é tanto que seja o primeiro documento cartográfico que ostenta o nome de América,[119] mas que comprova que as novas terras são concebidas como uma única entidade geográfica *independentemente* de *que exista ou não um estreito* de *mar entre as massas setentrional* e *meridional da gigantesca ilha.* Efetivamente, o fato de que o cartó-

---

117. O texto original é o seguinte: "... *et alia quarta pars per Americu Vesputiu inventa este* ..." Esta foi a frase que deu sentido à ideia, segundo a qual, Vespúcio teria atribuído a si mesmo a fama que unicamente pertence a Colombo, embora não faltem aqueles que, com maior razão, reconhecem que não se pode tornar o navegador florentino responsável pelo que escreveram os autores da *Cosmographiae Introductio*. Mas, num e noutro caso, o ponto frágil desta interpretação é que supõe em ambos ou uma inexplicável ignorância a respeito do que fez Colombo ou uma injustificada má fé. Parece-nos que se trata de um falso problema, devido à falta de compreensão do verdadeiro sentido da frase. De fato, pode-se entender a referida frase de duas maneiras, segundo se entenda, por sua vez, o verbo *"invenio"* nela empregado. Se traduz-se pelo verbo "descobrir", como é habitual, o problema surge; se, entretanto, se traduz, como também é possível, pelo verbo" conceber", no sentido de discorrer ou compreender, então, não só desaparecem as dificuldades, mas também se esclarece o motivo que tiveram os autores da *Cosmographiae Introductio* para considerar justo que a "quarta parte" do mundo levasse o nome de América, pois assim se reconhece que foi ele quem concebeu a sua existência, como de fato, foi. Esta interpretação parece ficar indiretamente confirmada pelo fato de que no mapa de Waldseemüller, de 1507, está admitida numa das suas inscrições que toda a costa setentrional da que hoje chamamos América do Sul, foi achada a mando dos reis de Castela.
118. "... *et sunt tres prime partes cótinentes/quarta es insula.*" Constata-se que o termo "continentes" está empregado sem distinção do termo "ilha", na sua acepção latina, para significar que uma coisa está próxima da outra, está junto ou é contígua a ela.
119. O nome América aparece, como todos sabem, na parte meridional da nova ilha. Esta circunstância fez pensar que o nome se refere unicamente a essa porção; mas se nos ativermos ao texto da *Cosmographiae Introductio,* que não estabelece nenhuma distinção a respeito, deve-se crer que o cartógrafo quis amparar, com esse nome, a totalidade das terras recentemente achadas.

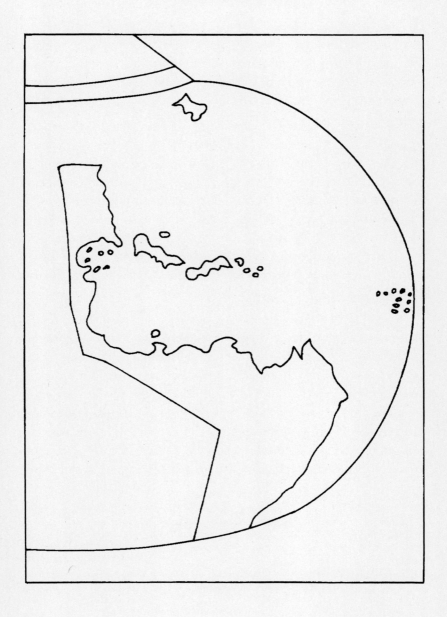

FIGURA 9b. Esquema da secção superior do mesmo planisfério. (Mostra o continente americano sem solução de continuidade.)

grafo tenha admitido ambas as possibilidades revela que agora já se trata de uma simples alternativa de interesse para o geógrafo, sem dúvida, mas carente de importância do ponto de vista da concepção unitária das novas terras.[120]

Se considerarmos esta tese dentro da sequência do processo, constata-se de imediato que, quaisquer que sejam as suas implicações geográficas e ontológicas, atinge-se com ela um ponto culminante. Realmente, verificamos que não só se reconhece a independência das novas terras em relação ao *orbis terrarum* sendo, portanto, concebidas como uma entidade diferente e separada dele, mas também que – e isto é decisivo e novo – se atribui à referida entidade um ser específico e um nome próprio que a individualize. Mal ou bem, mas antes bem do que mal, esse nome foi o de América que, desse modo, por fim, fez-se visível.[121]

Podemos concluir que conseguimos reconstruir passo a passo e na sua integridade, o processo mediante o qual a América foi inventada. Agora já a temos diante de nós, já sabemos como ocorreu o seu aparecimento no seio da cultura e da história, não certamente como o resultado da súbita revelação de um descobrimento que tivesse exibido, de um golpe, um suposto ser misteriosamente abrigado, desde sempre e para sempre, nas terras que Colombo achou, mas como o resultado de um complexo processo ideológico que acabou, através de uma série de tentativas e hipó-

---

120. No desenho do mapa propriamente dito aparece o estreito de mar que se supunha pudesse existir aproximadamente à altura dos 10° de latitude norte; mas no desenho de um dos pequenos hemisférios inseridos na parte superior da carta, os litorais se prolongam de norte a sul sem solução de continuidade e oferecendo, em linhas gerais, uma extraordinária semelhança com a figura do continente americano tal como a conhecemos. O desenho do pequeno hemisfério foi amplamente divulgado na reprodução que dele fez Joannes Stobnicza na sua *Introductio in Ptholomei Cosmographiam*. Cracóvia, 1512. referências: Nordenskiöld, *Periplus*, p. 151. Reprodução: Nordenskiöld, *Facsimile-Atlas*, lâmina XXXIV.
121. A este respeito, é pertinente lembrar uma aguda observação de Nietzsche, quando diz: "a originalidade consiste em ver alguma coisa à qual ainda não se pode dar um nome, apesar de já estar à vista de todos. Conforme as pessoas se organizam, o nome é o que torna a coisa visível. As pessoas originais têm sido também, em sua maioria, as que dão nomes às coisas". (*La Gaya Ciencia*)

teses, por atribuir-lhes um sentido peculiar e próprio: o sentido do ser da "quarta parte" do mundo.

Com a conclusão anterior, alcançamos a meta final deste trabalho. Isso não quer dizer que aqui termina a reflexão, porque se é certo que agora já sabemos a maneira pela qual apareceu a América no cenário da história universal, não sabemos ainda qual é a estrutura do ser que, sob esse nome, foi atribuído às novas terras. É óbvio que haver mostrado de que maneira e por que motivos essas terras foram entendidas como a "quarta parte" do mundo, da mesma maneira e à semelhança da Europa, Ásia e África, não basta para revelar aquela incógnita. Abre-se, assim, perante nós a possibilidade de uma nova reflexão que, tomando como ponto de partida os resultados a que temos chegado, nos mostre em que consiste o ser da América e que nos entregue, portanto, a chave do significado da sua história e do seu destino. Semelhante reflexão excede, entretanto, os limites deste livro, de sorte que, com a ressalva de tentá-la em outra oportunidade, vamos nos restringir a expor, a seguir, as que podem ser consideradas suas articulações essenciais.

QUARTA PARTE

A ESTRUTURA DO SER DA AMÉRICA E O SENTIDO DA HISTÓRIA AMERICANA

I

Comecemos por indagar qual o sentido da tese que atribuiu às novas terras esse ser que vimos e cuja estrutura interessa esclarecer.

Em sua dupla articulação, essa tese consiste, primeiro, em reconhecer que o conjunto das referidas terras é uma entidade separada e diferente do *orbis terrarum; segundo,* que apesar disso, é uma parte do *orbis terrarum,* constituindo concretamente a sua "quarta parte". À primeira vista, há uma óbvia contradição e devemos verificar se é real ou aparente; se é ou não superável.

Será de se convir, sem dificuldades, que para superar a contradição deve-se supor que, por algum motivo, aquilo que levou a reconhecer nas novas terras uma entidade separada e diferente do *orbis terrarum* não impede que se possa concebê-las como uma das partes deste. Como o que faz com que as novas terras apareçam como uma entidade diferente e separada daquele orbe é o seu isolamento no Oceano, o problema se restringe a explicar como é possível atribuir efeitos tão opostos a essa circunstância.

A resposta impõe-se porque a única maneira de explicar essa contradição é pensando que, na tese, atribui-se ao conceito de *orbis terrarum* um duplo significado, um mais amplo do que o outro, se considera-se, de uma parte, que o isolamento oceânico é suficiente para imaginar as novas terras como alheias ao *orbis terrarum,* isto deve ser porque se pensa que este não é capaz de ultrapassar seus limites oceânicos. Dito de outra maneira, na tese ainda se atribui ao *orbis terrarum* o sentido tradicional que o identifica com a Ilha da Terra integrada pela Europa, Ásia e África. Mas se, por outro lado, se afirma que o isolamento oceânico não impede que as novas terras sejam consideradas como uma parte do *orbis terrarum,* isto deve ser porque, de alguma maneira, se atribuiu a este um significado mais amplo que supere a condição insular de ambas as entidades e seja, por isso, capaz de englobar uma e outra. Dito de outro modo, neste segundo e novo sentido, o *orbis terrarum* já não se identifica somente com a Ilha da Terra, nem unicamente com o conjunto das duas grandes entidades insulares que agora se diz que engloba, mas, sim, com o globo terrestre inteiro. De fato, desde que a separação oceânica já não desempenha a função de limite do *orbis terrarum,* é óbvia a capacidade deste de englobar não só as terras antes conhecidas e as recém achadas, não apenas todas as que pudessem existir no Oceano, mas o próprio Oceano, pois os limites impostos por este às porções de terras não submersas deixaram de o ser, de acordo com o novo sentido que se atribuiu ao *orbis terrarum.*

Constatamos, assim, em primeiro lugar, que a contradição acima assinalada é apenas aparente, pois ela inexiste se distingue-se entre dois sentidos dados ao conceito de *orbis terrarum;* em segundo lugar, que na tese da *Cosmographiae Introductio* se atualizou a crise delineada pela primeira vez quando, durante sua terceira viagem, Colombo achou uma massa de terra austral, cuja existência ameaçou a antiga visão fechada e providencialista do mundo. A questão é clara: a partir do momento em que se aceitou que o *orbis terrarum* era capaz de ultrapassar seus antigos limites insulares, a arcaica noção do mundo como circunscrito a uma só parcela do universo, bondosamente destinada por Deus ao homem, perdeu sua razão de ser e se abriu, em troca, a possibilidade de que o homem compreendesse que no seu mundo cabia toda a realidade universal de que fosse capaz de se apoderar, para transformá-la em casa e habitação própria; que o mundo, consequentemente, não era algo dado e feito, mas algo que o homem conquista e faz, que lhe pertence, portanto, a título de proprietário e amo. De sorte que se o *orbis terrarum* deixou de se circunscrever unicamente à Ilha da Terra para abarcar o globo inteiro, com suas terras e águas, trata-se, não de uma ampliação que esgotou suas possibilidades, mas de um primeiro passo no processo de apropriação do universo por parte do homem. Assim, como acontecia a respeito do Oceano na antiga concepção do mundo, o universo deixou de ser contemplado como uma realidade originalmente estranha e alheia ao homem, para converter-se em infinito campo de conquista, na medida em que o permita, não mais a bondade divina, mas a ousadia e a eficácia da técnica do antigo inquilino convertido em amo. Pode-se dizer então que, quando na *Cosmographiae Introductio* se admitiu que as novas terras, apesar do seu isolamento pelo Oceano, constituíam uma das partes integrantes do mundo, reclamou-se pela primeira vez a soberania do homem sobre a realidade universal. Assim e por isso, quando mais tarde apareceram novas massas de terra não conhecidas, automaticamente ficaram incluídas no mundo, sem a necessidade de repetir o complicado e penoso processo que foi mister no caso da América, sem que a ninguém tivesse ocorrido falar de novos e desconcertantes "descobrimentos", como aquele que se supõe que Colombo tenha realizado.

Mas esta formidável revolução, obscurecida pela ideia de que a América surgiu graças a um portentoso descobrimento, revolução que, no entanto, não deixou de se refletir nas novas ideias astronômicas que deslocaram a Terra da sua condição de centro do universo para convertê-la num carro alado de observação do céu, foi uma mudança cujas consequências ultrapassaram o seu aspecto meramente físico. É claro que se o mundo perdeu sua antiga natureza de cárcere para converter-se em casa aberta e própria, é porque o homem, por sua vez, deixou de imaginar-se a si próprio como um servo prisioneiro para transfigurar-se em dono e senhor do seu destino. Ao invés de viver como um ente predeterminado num mundo inalterável, começou a se imaginar como dotado de um ser aberto, habitante de um mundo construído por ele à sua medida e semelhança.

Esta foi a grande mudança que caracterizou essa época a que chamamos Renascimento; mas este foi, também, o sentido transcendental do processo que chamamos de invenção da América. Façamos uma parada, então, para insistir em que, ao inventar a América e mais concretamente ao conceber a existência de uma "quarta parte" do mundo, o homem da Cultura do Ocidente desatou os grilhões milenares que ele mesmo havia forjado para si próprio. Não foi por casualidade que a América surgiu no horizonte histórico como o território do futuro e da liberdade. Sobre este sentimento, tão essencialmente vinculado à história americana, haveremos de voltar mais adiante.

II

Depois da tese proposta na *Cosmographiae Introductio* o processo mudou diametralmente de orientação: em lugar da tentativa de explicar as novas terras dentro do marco da antiga visão de mundo, foi necessário modificá-la para que se acomodasse às exigências colocadas pelo reconhecimento de uma entidade geográfica imprevista. Por conseguinte, a questão que agora devemos considerar consiste em determinar qual foi a nova visão de mundo e qual o sentido – isto é, o ser – que, dentro dela, correspondeu às novas terras.

O texto pertinente da *Cosmographiae Introductio* nos dá de imediato uma resposta, a saber: que as terras recentemente achadas são uma das partes do mundo, concretamente a "quarta parte", pois antes eram apenas três as partes que o integravam. Mas esta resposta requer uma explicitação porque, por pouco que se reflita, verifica-se que o sentido e o ser atribuídos à nova entidade geográfica oferecem duas vertentes. De um lado, a América foi equiparada às outras três partes, isto é, à Europa, Ásia e África;

mas, de outro lado, não se confunde com nenhuma delas. Devemos indagar, primeiro, em que sentido se trata de entidades semelhantes; segundo, por que motivo são diferentes. Quando houvermos esclarecido ambas as incógnitas, a estrutura do ser americano se tornará transparente.

III

Para descobrir em que sentido a América foi considerada uma entidade equiparável à Europa, Ásia e África, é preciso esclarecer a condição que tornou possível relacionar as novas terras, não com o *orbis terrarum* enquanto uma unidade, mas individualmente com as três entidades em que era tradicional dividi-lo.

Pois bem, se temos presente que o Oceano, segundo já explicamos, ficou incluído no *orbis terrarum,* a resposta é óbvia. De fato, se por esse motivo o Oceano cessou automaticamente de delimitar o mundo, a separação que as suas águas impõem à porções de terras não submersas já não significa uma descontinuidade propriamente dita, mas um mero acidente geográfico que, como no caso de um rio ou no de uma cordilheira, demarca províncias ou porções diferentes de uma extensão de terra que, nem por isso, deixa de ser continua.

Consequentemente, por diferente que possa parecer, a separação oceânica entre a América e a antiga Ilha da Terra é da mesma natureza daquelas que individualizam geograficamente a Europa, a Ásia e a África. Compreendemos que a equiparação da América a estas três entidades não só era possível, mas obrigatória porque, se assim não fosse, iríamos recair na situação original de conceber as novas terras como uma entidade estranha e alheia ao mundo, tal como, de fato, as conceberam Colombo e Vespúcio quando depararam com uma massa de terra que não podiam explicar como pertencente à Ilha da Terra e que, por isso, lhes pareceu ser um "novo mundo".

Estas observações nos mostram que o pressuposto fundamental da tese da *Cosmographiae Introductio* está em considerar a totalidade da terra não submersa como um todo contínuo, apesar das separações marítimas e, por essa razão, se opera uma inversão radical, porque em lugar da antiga unidade do Oceano que dividia a terra em massas separadas, é a terra que divide o Oceano em mares diferentes. O conceito de insularidade deixou, por conseguinte, de ser propriamente aplicável às grandes massas de terra para caracterizar, em troca, as extensões marítimas ou, para expressá-lo graficamente, em vez da terra aparecer integrada, como antes, por umas ilhas gigantescas, é o mar que aparece formado por enormes lagos. Não será de surpreender, então, na medida em que foi se afirmando a hipótese da *Cosmographiae Introductio*, que os cartógrafos, entre as vacilações que sempre acompanham a marcha de uma ideia revolucionária,[1] tenham cedido à tentação de povoar os espaços, antes reservados ao mar, com cada vez maiores extensões de hipotéticas terras, até que os oceanos acabaram por oferecer realmente o aspecto de grandes corpos de água cingidos pela imensidade da terra circundante. Assim é, por exemplo, no planisfério de Ortelio, de 1587.[2] (Fig. 10)

---

1. Não devemos ter a impressão de que a hipótese da *Cosmographiae Introductio* tenha sido recebida imediatamente por todo o mundo. Entretanto, como foi a que teve a comprovação empírica, o relato das discordâncias não tem importância para os objetivos desse livro. É interessante lembrar que o próprio Waldseemüller voltou à ideia de que a massa setentrional das novas terras era um prolongamento da Ásia, conforme se vê na sua *Carta Marina Navigatoria Portugall en Navigationes*, 1516. Referências: Jos. Fischer e Franz von Wieser, *The Oldest Map with the name America, of the year* 1507, *and the Carta Marina of the year* 1516 *by* M. *Waldseemüller (Ilacomilus)*. Innsbruck, 1903. Reproduzido: pelos mesmos autores no seu *Die Weltkarten Waldseemüllers*, Innsbruck, 1903, facsimile. A mudança definitiva do clima em favor da hipótese de 1507 foi realizada por Mercator. Gerhard Mercator. *Mapa-múndi* em projeção cordiforme dupla, 1538. Reproduzido: Nordenskiöld, *Facsimile-Atlas*, lâmina XLIII. A este respeito deve-se citar Oviedo, *Historia*, Primeira Parte, 1535, liv. XVI, Proêmio, que sustentou vigorosamente a ideia da total independência geográfica das novas terras em relação à Ásia.
2. Ortelius, Abraham. *Typus Orbis Terrarum, Ab. Ortelius describ. cum privilegio decennali*, 1587. Encontra-se em Ortelius, Theatrum Orbis de 1590 e edições posteriores. Referências: Henry R. Wagner, *The Cartography of the Northwest Coast of America to the Year 1800*. Berkeley, Califórnia. 1937. Reproduzido: ibid., lâmina XIV. Para ilustrar a ideia do oceano como um grande lago, é notável o Mapa-múndi

A INVENÇÃO DA AMÉRICA 189

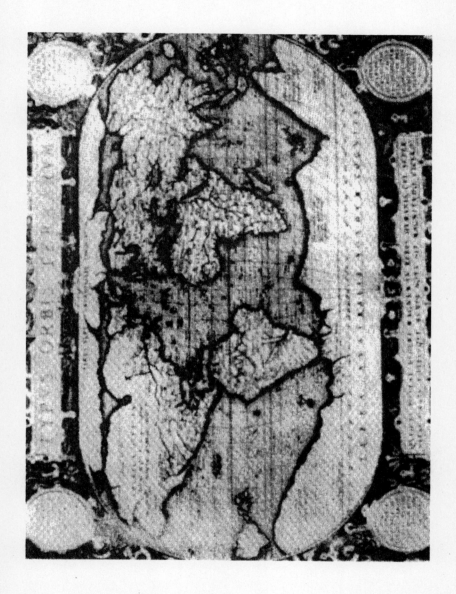

FIGURA 10. Planisfério de Abraham Ortelio, *Typus Orbis Terrarum, ab Ortelius describ. cum privilegio decennali*, 1590. Mostra os oceanos circundados por imensas e hipotéticas massas de terra setentrionais e meridionais.

Mas se equipararmos a América com as três partes em que, desde há muito, se vinha dividindo a Ilha da Terra significou ver em toda a superfície não submersa um todo contínuo, devemos concluir que Europa, Ásia, África e América são, literalmente, terras contíguas, independentemente do espaço de mar que exista entre as três primeiras e a última; descobrimos, assim, que o novo conceito geográfico que define essas entidades é o de serem terras "continentes", se nos ativermos à acepção original desse termo.[3] Dessa constatação, resulta que o mundo já não se divide em "partes" nem se tem à vista duas grandes ilhas, como exigia a antiga maneira de visualizar o mapa do globo, mas quatro continentes de uma e mesma terra.

Definido este entendimento, falta ainda esclarecer a implicação fundamental dessa nova concepção geográfica para descobrir em que consiste a semelhança que permitiu equiparar as novas terras com as já conhecidas ou, dizendo de outra maneira, descobrir o fundamento que orientou concebê-las de forma semelhante, sob essa nova espécie geográfica de "continentes".

IV

Com toda a evidência, o fato de considerar que Europa, Ásia, África e América são semelhantes enquanto terras continentes, isto é, partes de um todo sem solução de continuidade, não pode significar que sejam iguais, nem pelo seu tamanho e forma, nem pelas demais peculiaridades que as distinguem entre si. Resulta, pois, que a semelhança que permitiu separá-las tem que remeter a algo que lhes seja comum, mas de maneira que não anule suas diferenças individuais. É óbvio que, se apesar de serem individualizados, se considera-se que os quatro continentes são semelhantes,

---

Português, assinado por Lopo Homem, de 1519. Reproduzido: Levillier, *América la bien llamada*, 11, p. 254.
3. *Continens*: contíguo, imediatamente junto ou vizinho de outra coisa.

só pode ser porque, como partes de um mesmo todo, supõe-se que participem, igualmente, da natureza desse todo. Trata-se de quatro entidades diferenciáveis por seus acidentes, mas semelhantes por sua natureza, da mesma maneira que o são, digamos por acaso, quatro homens de diferentes idades e condições que, apesar disso, são semelhantes enquanto se lhes atribui uma natureza comum, ou se prefere-se, um mesmo tipo de estrutura interna. Vemos, assim, que quando na *Cosmographiae Introductio* se afirmou que haviam aparecido umas terras até então desconhecidas, mas que devem ser consideradas no seu conjunto como uma das "partes" do mundo da mesma maneira que já o eram Europa, Ásia e África, o que no fundo se afirma é que aquelas novas terras não só são equiparáveis a estas por seu tamanho ou sua importância, mas porque todas participam da mesma estrutura interna, ou melhor dizendo, porque todas estão feitas de acordo com o mesmo tipo ou modelo segundo o qual está feito o todo de que essas entidades são partes.

Estas reflexões nos permitem afirmar, portanto, que a equiparação da América à Europa, Ásia e África tornou-se possível, não só porque foi suposta, conforme já vimos, a continuidade da superfície terrestre, apesar da descontinuidade que lhes parece impor o mar, mas também, e de maneira mais profunda, porque foi suposta a unidade fundamental dessa superfície, do ponto de vista da sua estrutura interna ou natureza. Mas se isto é assim, compreendemos que o conceito de "continente", sob cuja característica nos foi passada a ideia de "partes" do orbe dentro da nova visão de mundo, transcende o significado que tem na ordem meramente geográfica e assim, em lugar de unicamente referir-se a umas porções determinadas da superfície terrestre consideradas contíguas, refere-se a essas mesmas porções, mas consideradas como entes dotados de uma e mesma essência ou estrutura, a estrutura ou essência das coisas físicas ou naturais, segundo se lhes atribuía naquela época, pois a Terra de que são "partes" é apenas uma dessas coisas. Trata-se, pois, de entes não apenas equiparáveis, mas semelhantes, porque, para dizê-lo nos termos da época, os elementos que os constituem são os mesmos[4] e assim as peculiaridades que oferecem as novas terras em relação às já conhecidas, em nada podem alterar a essência comum.

Esse foi o sentido que se conferiu ao conjunto das novas terras ao equipará-las à Europa, Ásia e África, sendo e tas, portanto, a comunidade no ser que se atribuiu a umas e outras ao permanecerem concebidas como terras contíguas, independentemente da separação oceânica, ou para dizer mais propriamente, ao permanecerem concebidas como "continentes" do orbe terrestre.

Com o que acabamos de dizer, esclarecemos o ser de que foram dotados esses entes geográficos ao afirmar a sua semelhança enquanto "partes" do mundo, mas esse ser se atém exclusivamente ao aspecto físico ou corporal dos referidos entes. Nada sabemos ainda do ser que lhes pode corresponder do ponto de vista das diferenças que os distinguem, pois, não é por terem uma natureza física comum que perdem a sua individualidade. Esta – já constatamos – não pode ser medida em forma, extensão, localização e peculiaridades naturais ou, como então se dizia, em "estranhezas" da natureza, meros acidentes da essência subjacente. Trata-se de outra esfera ou província do ser e essa será a incógnita que tentaremos resolver nos itens seguintes.

V

A ideia de que o *orbis terrarum,* a Ilha da Terra que abrigava o mundo, continha três entidades distintas – Europa, Ásia e África – é uma noção cuja origem remonta a Hecateo, que a teria introduzido na divisão bipartida conhecida por Homero – Regiões do Norte e Regiões do Sul – uma distinção que, com o passar do tempo, acabou por se afirmar como a "terceira parte" do mundo.

---

4. Assim, por exemplo, declara expressamente Gómara, *Historia General.* Carta dedicatória ao Imperador Dom Carlos.

Heródoto toma ciência dessa novidades[5] e, embora se atenha à divisão antiga, cujas partes já eram conhecidas com os nomes de Europa e Ásia, em princípio,[6] de fato aceita a modificação de Hecateo, pois dispensa à Líbia, isto é, à África, um tratamento particularizado. Se, de relance, abarcamos o grande impulso tomado pela ciência geográfica na Antiguidade, representado a partir de Heródoto por Eratóstenes, Hiparco, Políbio, Estrabão, Mela, Plínio, Marino e Ptolomeu, para unicamente mencionar os mais ilustres, verifica-se que a divisão tripartida foi se afirmando e aprimorando até converter-se na base imprescindível da organização daquela disciplina.[7]

Mas é muito importante entender que não se trata meramente de uma distribuição territorial como, por exemplo, a que divide uma nação moderna em estados ou províncias, mas da interna e constitutiva organização cultural do mundo. De fato, Europa, Ásia e África aparecem, nessa antiga concepção, como entidades territoriais, mas dotadas de um sentido que transcende a ordem puramente geográfica e que as individualiza do ponto de vista moral ou histórico. Integram, pois, uma estrutura de natureza qualitativa do cenário cósmico em que se desenvolve a vida humana, não num plano de igualdade, mas sim numa hierarquia que não remete, primariamente, às circunstâncias naturais, mas às diferenças de natureza espiritual. Nessa hierarquia, a Europa ocupa o mais alto degrau,[8] não por razões de riqueza ou abundância nem por nada que a isto se assemelhe, mas porque se considerava a mais perfeita

---
5. Heródoto, IV, 36, 41, 42, 44 e 45.
6. Supõe-se que tenha sido Anaximandro quem empregou essas designações, aplicadas à divisão bipartida de Homero: a metade norte do círculo do mundo era a Europa e a metade sul era a Ásia. A respeito da origem destes nomes existem apenas conjecturas.
7. Já em Eratóstenes, a Europa não compreende toda a porção norte do Ecúmeno, mas ficou reduzida, aproximadamente, ao que agora se conhece por esse nome. A Líbia, por outro lado, não é entendida como integrando o Egito, o qual se considera parte da Ásia. No Mapa anônimo genovês, 1457 (E. L. Stevenson, *Genovese World Map*, N. York, 1912) e no Mapa de Fra Mauro, 1459 (Nordeskiöld, *Periplus*, pp. 62-3, 140-1), a Líbia já aparenta a forma de uma península.
8. Estrabão, *Geografia*, II, v. 26.

para a vida humana ou, se quer-se, para a realização plena dos valores da cultura.

Como tantas outras, o Cristianismo tornou suas essas antigas noções, mas não sem lhes proporcionar, por sua conta, um fundamento próprio, ao elaborar, começando por Dionísio, o Areopagita, sua visão do cosmos, fundamentada na nova fé e na verdade revelada nas Escrituras. Foi assim que a antiga divisão tripartida do mundo adquiriu uma categoria transcendental, segundo é documentado, entre outros, por Santo Agostinho,[9] para quem os cidadãos do céu só podiam ser achados na Europa, Ásia e África, com a exclusão de outros possíveis orbes abrigados no Oceano.

Esta concepção metageográfica dos pais da Igreja foi absorvida pelos tratadistas cristãos posteriores, resultado de que a divisão tripartida lançou profundas raízes na consciência religiosa, ao receber renovado apoio em múltiplas interpretações alegóricas. Viu-se nela, seja o símbolo geográfico da Santíssima Trindade, seja o fundamento histórico da divisão da Terra entre os filhos de Noé ou da bela lenda da adoração do menino Jesus pelos três reis magos, seja, finalmente, uma ilustração de certas passagens do Evangelho ou um reflexo da perfeição mística do número três.[10]

---

9. Santo Agostinho, *Cidade de Deus*, XVI, 7, 8, 9, 17.
10. Raban Maur, *De Universo*. Fundamenta a divisão tripartida do orbe no dogma da Santíssima Trindade, tendo visto nela, além disso, uma ilustração de São Mateus, XIII, 33. Uma velha tradição hebraica afirma ter sido Noé quem batizou as três partes do mundo, ao reparti-la entre seus filhos. Esta tradição, que se encontra na *Babilónica* de Beroso (em Josefo) acabou por ser aceita como uma verdade histórica em plena época moderna. Um texto antigo a respeito da crença nos três reis magos como representantes das três partes do mundo é a *Introducción a la astrologia* de Miguel Scoto. Sobre a perfeição mística do número três e sua aplicação à divisão do mundo, veja-se Santo Isidoro de Sevilha, *Libro de los Números*. Este número, diz, é padrão perfeito, porque contém princípio, meio e fim, e constando realmente de três é, no entanto, também um. Assim o mundo, como a Trindade, é efetivamente um, embora seja três na diferenciação de suas partes. A divisão tripartida também serviu como símbolo da autoridade ecumênica da Igreja na tiara pontifícia, sem que se saiba ao certo se foi João XXII ou Urbano V quem tenha instituído esse símbolo. No século XVII, Fr. Pedro Simón propôs que se acrescentasse uma quarta coroa à tiara para representar a América, *Primera parte de las noticias historiales de las conquistas de Tierra firme en las Indias Occidentales*, Cuenca, 1627, I, cap. 9.

Se a Europa já ocupava na Cultura Clássica a categoria mais elevada entre as outras duas partes do orbe, com maior motivo conservou esse privilégio no pensamento cristão. Realmente, não só foi admitido que encarnava a civilização mais perfeita do ponto de vista do homem natural, mas também que era o reduto da única verdadeira civilização, aquela fundada na fé cristã e, principalmente, no sentido histórico transcendental do mistério da Redenção. A Europa, sede da cultura e reduto da Cristandade, assumia a representação do destino imanente e transcendental da humanidade, sendo a história europeia o único devir humano dotado de autêntico significado. Em suma, a Europa assume a história universal e os valores e crenças dessa civilização se oferecem como paradigma histórico e norma suprema para julgar e apreciar as demais civilizações. Este é o sentido moral e cultural da estrutura hierárquica da divisão tripartida do mundo;[11] Verifiquemos agora o que aconteceu a esse respeito quando a experiência levou a reconhecer que existia uma "quarta parte", que a tradição científica e religiosa não havia previsto.[12]

VI

Em páginas anteriores, explicamos que ao serem concebidas as novas terras como uma entidade equiparável à Europa, Ásia e África, pretendeu-se, implicitamente, que todas elas tivessem uma mesma estrutura física, uma mesma compleição. A esse respeito a América não ofereceu nenhuma novidade essencial. É

---

11. Depois da grande revolução cultural que significou a invenção da América como "quarta parte" do orbe, subsistiu a velha divisão tripartida como estrutura do Velho Mundo, sendo a base do eurocentrismo histórico, tão vigorosamente postulado por Herder e, mais tarde, elevado à categoria meta-histórica por Hegel, *Lecciones sobre la historia universal*, Introdução especial II, 3.
12. "*Quicquid praeter Africam et Europam est, Asia est*", era uma sentença escolástica que bem expressava a impossibilidade de se conceber uma estrutura do mundo diferente da divisão tripartida. A proposição é referida por Richard Willes para contestar o alegado em favor da existência de uma passagem marítima para Catay, nas regiões árticas. "Certaine other reasons, or arguments to prove a passage by the Northwest, learndly written by Richard Willes, Gentleman". *Hakluyt's Voyages*, V.

óbvio, no entanto, que essa natureza comum não esgota uma identificação completa do novo ente, pois falta determinar o ser moral ou histórico que deveria corresponder-lhe como "quarta parte" do orbe.

À medida que se foram explorando e reconhecendo as novas terras, acumulou-se uma série de informações a respeito dos seus habitantes, de suas crenças, de suas instituições, de seus costumes etc. Mas é claro que enquanto subsistiu a tentativa de explicar aquelas regiões como uma porção da Ilha da Terra concretamente como se fossem asiáticas, não se configurou a grande dúvida que as referidas informações podiam sugerir, - a dúvida a respeito da natureza dos nativos – pois, por estranhos que pudessem parecer, não havia motivos para excluí-los do gênero humano enquanto autóctones do *orbis terrarum*. Essa foi, de fato, a solução que Santo Agostinho deu à dúvida a respeito da humanidade de homens monstruosos, que se supunham ser os que habitavam as regiões extremas e inexploradas daquele orbe. Mas quando se admitiu, por fim, que se estava na presença de uma massa de terra separada daquela que abrigava o mundo, massa que, no entanto, nele permanecia incluída, foi necessário supor *a priori,* como supôs Santo Agostinho a respeito dos monstros, que seus habitantes eram homens. De outra maneira se colocaria em crise o dogma da unidade fundamental do gênero humano. Era necessário, entretanto, dar apoio empírico a essa suposição e mostrar que, apesar do desconhecimento em que estiveram essas terras e de todos os impedimentos geográficos, esses homens descendiam do tronco comum do casal original. Esta exigência suscitou o famoso problema da "origem do índio americano", que tanta preocupação trouxe aos cronistas das Índias e cuja solução levou alguns a postularem hipoteticamente a existência de um estreito de mar, como aquele que hoje conhecemos pelo nome de Behring.[13]

---

13. Por exemplo Oviedo, *Historia,* Primeira Parte (1535) liv. XVI, Proêmio; Acosta, *Historia Natural y Moral de las Indias* (1590), I, 20 e Juan López de Velasco, *Geografia y descripción de las Indias,* Madri, 1894, p. 3.

Verificamos, então, que a concepção das novas terras como a quarta parte do mundo não só implicou a ideia de que, não obstante as estranhezas da natureza, os elementos físicos eram os mesmos que nas outras partes já conhecidas, mas também a de que os naturais daquelas terras, quaisquer que fossem os seus costumes, participavam da mesma natureza que a dos europeus, asiáticos e africanos, ou para dizer em termos da época, que também descendiam de Adão e podiam se beneficiar do sacrifício de Cristo.

Graças a esse reconhecimento, as civilizações indígenas ficavam integradas ao curso da história universal, mas, pela mesma razão, não ficavam excluídas das consequências da concepção hierárquica da mesma. Essas civilizações, pois, não podiam aspirar a serem consideradas como expressões *sui generis* de um modo peculiar de realizar a vida humana e ficavam sujeitas ao juízo que lhes correspondia em referência à cultura cristã, erigida, como já vimos, no modelo de distribuição de significados históricos. A esta situação corresponde o não menos célebre problema a respeito da natureza e da índole do índio americano, em cujo debate foram protagonistas principais o padre Frei Bartolomeu de Las Casas e o humanista espanhol Juan Ginés de Sepúlveda.

Considerada na perspectiva em que nos temos colocado, essa famosa polêmica reduz-se à tentativa de determinar o grau em que a vida indígena americana se ajustava ao paradigma cristão e, embora os interesses e a paixão não tenham deixado de intervir, o importante é que, mesmo na tese mais favorável aos índios, não se pode atribuir sentido mais positivo às suas civilizações do que considerá-las como forma de vida humana de alta categoria. Entretanto não transcendiam a esfera das possibilidades do homem enquanto ente da natureza e, por terem permanecido à margem do ensinamento do Evangelho, os índios não haviam podido realizar a "verdadeira" humanidade. Esta é, em essência, a tese da *apologética História* do padre Las Casas, esse formidável arrazoado em prol das culturas americanas.

A consequência da redução dessas culturas à esfera própria da sociedade natural foi a de que o ser *sui generis,* que hoje se lhes reconhece, ficou anulado como carente de significado histórico "verdadeiro" e sem qualquer possibilidade de receber os valores da cultura europeia; sem qualquer possibilidade, numa palavra, de realizar na América outra Europa. Esse foi o ser, por conseguinte, com o qual foi inventada a América, do ponto de vista ético.

VII

O ser atribuído às novas terras, o da possibilidade de chegar a ser outra Europa, encontrou sua fórmula adequada na designação de "novo mundo" que, desde então, é empregado como sinônimo de América. De fato, essa designação indica, rigorosamente, a diferença específica que individualizou, na ordem histórica, a "quarta parte" do mundo perante o conjunto das outras três partes, correlativamente designadas, como um todo, de "velho mundo". O significado de ambas as designações é transparente, porque se, em sua acepção tradicional, "mundo" quer significar a porção do orbe terrestre providencialmente designado para a habitação do homem, a América mostrou ser, literalmente, um mundo novo no sentido de uma ampliação não previsível da velha casa ou, se preferir-se, da inserção nela de uma parcela da realidade universal, considerada até então como de domínio exclusivo de Deus. Vamos notar o importante matiz que separa essa maneira transcendental de entender a designação de "novo mundo" do sentido que Colombo e Vespúcio atribuíram a essa mesma designação. O novo mundo imaginado por eles continha um dualismo irredutível, pois postulava a existência de um ente já constituído na condição e no ser de "mundo", perante outro igualmente acabado e feito; novo unicamente pela circunstância do seu recente encontro. Mas a outra designação, a que surgiu em consequência da concepção das novas terras como" quarta parte" do mundo, refere-se a um ente ao qual, é certo, também se lhe atribui o sentido de "mundo", mas unicamente enquanto possibilidade do outro que, só por esse motivo, se imagina como "velho mundo". No primeiro caso, trata-se de dois mundos diferentes e irredutíveis, razão que levou ao não acatamento das intuições de Colombo e de Vespúcio; no segundo caso, ao contrário, trata-se de duas modalidades de um único mundo: um em potencial e nesse sentido "novo"; outro em ação e nesse sentido "velho".

Ao termos tomado ciência da dupla vertente do ser americano, podemos dar por concluída nossa análise, restando-nos agora destacar os seus resultados. A América, de fato, foi inventada sob a espécie física de "continente" e sob a espécie histórica de "novo mundo". Surgiu, pois, como um ente físico dado, já feito e inalterável, e como um ente moral dotado da possibilidade de realizar-se na ordem do ser histórico. Estamos na presença de uma estrutura ontológica que, como a humana, pressupõe um suporte corporal de uma realidade espiritual. Vamos concluir, então, que não só se deve excluir a interpretação segundo a qual a América apareceu à instância de um mero e casual contato físico com terras que já estariam constituídas – não se explica como e por quem – no ser americano, mas devemos também substituir tão portentoso acontecimento por outro, o do processo inventivo de um ente feito à imagem e semelhança do seu inventor. Processo que transcendeu infinitamente seu resultado imediato, pois abriu ao homem, em princípio, a possibilidade de apoderar-se da realidade universal e, na prática, de tudo quanto dela sua audácia e a excelência da sua técnica possam conquistar.

Que distância entre a grandiosa promessa de tão espetacular aventura e a falsa fama atribuída a um cego achado, por mais que se o disfarce como a revelação do ser de um ente que ainda não existia e que, certamente, teria requerido nada menos do que o concurso combinado da onipotência e da onisciência divinas!

VIII

Ao termos tornado patente a estrutura do ser americano, atingimos a nossa meta. Não queremos, no entanto, colocar um ponto final nestas reflexões, sem deixar indicada a grande questão que delas emana, a chave do sentido do acontecer histórico americano. De fato, já que o ser moral com que foi inventada a América é um ser *ab alio* enquanto possibilidade de realizar a nova Europa, infere-se que, no fundo, a história da América será o modo pelo qual, concretamente, se atualizou essa possibilidade.

Mas de imediato constatam-se alternativas nesse particular, pois o programa se cumprirá ou adaptando as novas circunstâncias à imagem do modelo, considerado pois arquétipo, ou adaptando o modelo às novas circunstâncias, isto é, admitindo-o como ponto de partida de um desenvolvimento histórico empreendido por conta própria. Têm-se, pois, dois caminhos: o da imitação ou o da originalidade.

Bem, o certo é que historicamente tentou-se levar a cabo ambos os caminhos. Assim, de imediato, damo-nos conta do traço mais notável do acontecer americano: a existência, de outra maneira desconcertante, das duas Américas, a latina e a saxônica. Assunto tão complexo requer, está claro, uma descrição detalhada e documentada que excede os limites do presente estudo; não nos furtamos, entretanto, de abordar as indicações de maior importância.

O primeiro caminho, já frisamos, consiste em adaptar as novas circunstâncias à imagem do modelo e não será por isso que a América deixará de ser ela própria, pois cumpre o programa original do seu ser histórico. Esse foi o rumo que, de um modo geral, orientou a ação ibérica no "novo mundo". Se examinam-se os princípios que a nortearam em sua política colonizadora, seja na esfera de interesses religiosos, políticos e econômicos, seja quanto à organização das relações sociais, verifica-se que a norma consistiu em transplantar para as terras da América as formas de vida europeia, concretamente a ibérica. Mas decisivo a respeito é constatar o propósito consciente de perpetuar essas formas, entendidas e vividas como realidade histórica avalizada pela vontade divina. Essa finalidade vislumbra-se não só na vigorosa e intolerante implantação do catolicismo hispânico e das instituições políticas e sociais espanholas, mas também em toda a variada gama de expressões artísticas, culturais e urbanas.[14] Certamente, a convivência com uma numerosíssima população indígena, que em algumas regiões havia alcançado um alto grau de civilização, foi o maior obstáculo para realizar aquele programa em sua pureza original.[15] É justamente nos meios empregados para superar esse obstáculo onde melhor se aprecia a intenção de adaptar as novas circunstâncias ao modelo. Efetivamente, em lugar de se desfazer do índio ou de simplesmente utilizá-lo sem outra preocupação que a do rendimento do seu trabalho, a Espanha procurou de boa fé – apesar da avalanche de críticas que lhe foram feitas integrá-lo por meio de leis e de instituições que, como a *encomienda,* estavam calculadas para estabelecer uma convivência que, em princípio, acabaria por assimilá-lo e, no limite, igualá-lo ao europeu. A Espanha jamais conheceu discriminação racial maior do que a consagrada num corpo de disposições paternais e protetoras do índio contra a rapacidade e o mau exemplo dos espanhóis. Se essas medidas não deram o fruto esperado, deve-se, no entanto, reconhecer o propósito da tentativa que, apesar de tudo, não deixou de se cumprir, de certa maneira, na mestiçagem.

A América Latina nunca foi terra de fronteira no sentido dinâmico de transformação que os historiadores norte-americanos, desde Frederick Jackson Turner, atribuíam àquele conceito; tanto foi assim que, mesmo na dominação do meio ambiente natural, não houve uma ação generalizada de reforma de regiões inóspitas, desérticas ou selvagens, mas de exploração das que pareciam predestinadas ao cultivo e à habitação do homem. Persistia vagamen-

---

14. Edmundo O'Gorman, *Reflexiones sobre la distribución urhana colonial de la ciudad de México.* México, 1938.
15. Gonzalo Fernández de Oviedo, *Sucesos y Diálogo de la Nueva España.* Biblioteca do Estudante Universitário, 62. México, 1946. Advertência preliminar por Edmundo O'Gorman, p. 157-63.

te a antiga crença de que o mundo era a parcela cósmica que Deus, bondosamente, havia destinado ao homem, sem direitos de propriedade e de senhorio. Assim, por exemplo, quando, já em fins do século XVI, o padre jesuíta Joseph de Acosta informa da possibilidade de se abrir um canal na Região do Panamá, que unisse os dois oceanos, além de parecer-lhe pretensão vã pelas dificuldades técnicas, considera-a sacrílega e seria, diz, de se temer o castigo do céu por *"querer enmendar las obras que el Hacedor, con sumo acuerdo y providencia, ordenó en la fábrica del universo"*.[16]

Digamos, então, que na história colonial da América Latina temos a atualização do ser americano em uma das suas duas vertentes. Trata-se, sem dúvida, de uma forma de vida autêntica no sentido primário que é toda vida; mas, em outro sentido, não se pode senão qualificar de mimética e, ainda, de postiça. Exatamente, o sentimento dessa espécie de não autenticidade ou desequilíbrio ontológico gerou no seio da sociedade colonial a inquietude que caracteriza o crioulismo, fenômeno social cuja principal característica foi a da tomada de consciência de ter sido um ser de alguma maneira diferente do ser hispânico.[17] Este projeto, tão legítimo quanto nobre, não transcendeu a original limitação, porque, se é certo que o crioulo tentou ser um novo Adão americano, só conseguiu constituir-se num tipo peculiar de espanhol, mas espanhol, ao final das contas. Houve – os testemunhos são abundantes – uma espécie de cultura crioula, com traços que a distinguem da peninsular mas, por suas raízes e pelas crenças que a sustentaram, não alcançou a originalidade que merecia o adjetivo de autônoma em relação ao modelo que lhe deu vida. Não transformou sua herança e suas tradições, mediante a adaptação às circunstâncias, para poder plantar, assim, uma nova árvore no cenário americano; simplesmente reclamou seu reconhecimento como frondoso ramo do venerável tronco do modo de ser hispânico. O que se pode considerar mais próprio do modo de ser

---

16. Acosta, *Historia natural y moral de las Indias*, III, 10.
17. Veja-se Edmundo O'Gorman, *Meditaciones sobre el criollismo*. Condumex, S.A., México, 1970.

crioulo, a saber, o desaforado e genial abuso de certas formas hispânicas de expressão plástica e literária; a entrega sem reservas à metáfora e à ambiguidade em todos os setores da vida; a delirante exaltação de verdadeiras ou supostas qualidades naturais ou morais próprias; o resgate da história pré-hispânica como devir que não era exceção no harmonioso concerto da marcha providencial do homem em busca do seu destino sobrenatural; e, por fim, o rompante e a imensa alegria do portento guadalupenho foram outros tantos caminhos de afirmação própria mas que, também por isso, envolvem o reconhecimento de uma encruzilhada ontológica sem saída, estreita, de que participavam, entretanto, com o orgulho de "fidelíssimos vassalos de sua majestade católica".

E o que dizer da história posterior, dessas denodadas lutas inspiradas no anseio de liberdade e independência, que romperam aquele quase supersticioso laço de fidelidade e ensejaram o aparecimento de nações soberanas, desligadas da monarquia que as havia adotado seria de supor que, por fim, chegado o crioulo a uma nacionalidade própria, ficava rompido o círculo mágico de um passado que o compelia à obrigada imitação de um arquétipo. Parece-me infundado consentir em tão sedutora perspectiva, cuja aceitação está mais inspirada nos bons desejos do que no respeito aos fatos, porque não se deve confundir a independência política nem a econômica e a tecnológica nem todas juntas com a independência ontológica, que pressupõe um desenvolvimento original e autônomo. Uma avalanche de testemunhos nos mostra, não só a tenacidade conservadora para manter a vigência do ser hispânico, sob o enganoso argumento de que continuaria sendo o "próprio", mas, mais importante, mostra-nos a obrigação em que se viram as novas nações de continuar pela via imitativa, que presidiu a história latino-americana desde o seu berço colonial. É que o engano naquela confusão funda-se em não ver ou em não querer ver que o acontecido, a partir da derrocada da Colônia, foi uma mudança no modelo, coisa bem diferente de não ter modelo. A generalizada adoção de sistemas democráticos republicanos e a esperança de que dessa maneira se superaria, de imediato, o abismo histórico criado por uma Espanha que havia se mantido à margem do processo de modernização, bastam para indicar que o novo modelo, o novo arquétipo, foi a outra América, que tanto deslumbrou com suas prosperidade e liberdade os pensadores políticos encarregados de organizarem as novas nações,[18] Essa outra América, onde o modelo europeu havia se transfigurado em uma nova ordem social, cujo protagonista era esse novo tipo de homem histórico a quem, não por capricho seguramente, se conhece e reconhece como o americano por antonomásia.

De fato, escolhendo o segundo caminho aberto para a realização do ser americano, o de adaptar o modelo às circunstâncias e não vice-versa, a América anglo-saxônica alcançou o mais elevado ponto do êxito histórico, que só pode ser negado ou recusado pela paixão ditada por essa espécie de ressentimento agudo, que Max Scheller qualificou de "existencial". Certo que, à semelhança da outra América, tudo se iniciou por um transplante de crenças, sistemas, instituições e costumes europeus; mas não é menos certo que, diferentemente daquela América, prontamente se generalizou um processo de transformação, alentado pelo sentimento de que as novas terras não eram um obséquio providencial para o aumento do poderio e da riqueza da metrópole, mas a oportunidade de exercer, sem os impedimentos tradicionais, a liberdade religiosa e política e de dar livre curso ao esforço e ao engenho pessoais. Assim, dentro de um marco heterogêneo de crenças, de tradições, de costumes e de componentes raciais, os grupos que se foram fixando fundaram, cada um a seu modo, a Nova Jerusalém de suas preferências. Na medida em que o imenso continente foi sendo vasculhado e ocupado, as velhas formas de vida importadas da Europa, tais como: as hierarquias sociais, os títulos nobiliárquicos, os privilégios de classe e, muito particularmente, os preconceitos contra os chamados ofícios mecânicos e os trabalhos agrícolas

---

18. Veja-se Edmundo O'Gorman, *La supervivencia política Novo-Hispana*. Condumex, SA. México, 1969.

foram cedendo lugar a novos hábitos e possibilitando o estabelecimento de bases de vida comunitária, não ensaiadas anteriormente.[19] Neste programa de libertação e de transformação, o indígena permaneceu à margem, dada a sua falta de vontade ou incapacidade, ou ambas, de vincular-se ao destino dos estranhos homens que se haviam apoderado dos seus territórios. Embora não tenham faltado sérias tentativas de integrá-lo e cristianizá-lo, pode-se afirmar que, em termos gerais, foi abandonado à sua sorte e sujeitado ao extermínio, como um homem sem redenção possível, pois na sua resistência a mudar seus hábitos ancestrais, na sua preguiça e na falta de iniciativa no trabalho viam-se os sinais inequívocos de que Deus o havia merecidamente esquecido.

Em violento contraste com os ideais senhoriais e burocráticos dos conquistadores e povoadores espanhóis, empenhados em obter privilégios, prêmios, *encomiendas* e empregos, os homens da outra América elevaram a valores sociais supremos a liberdade pessoal e o trabalho e, em lugar de organizarem como sistema a exploração dos nativos e de se conformarem em colher riquezas onde Deus as havia semeado, esmeraram-se em criá-las, arrasando matas, drenando pântanos, transformando o inútil em útil, o estéril em frutífero e o inóspito em habitável.[20]

---

19. De grande interesse a este respeito é o importante livro do professor Walter Prescott Webb, *The Great Frontier*, 1952.
20. O contraste entre as duas Américas que esboçamos destaca-se com clareza meridiana na comparação de dois textos de fins do século XVIII. Referimo-nos: 1) à *Representación que hizo la ciudad de México al rey don Carlos III* en 1771, *sobre que los criollos deben ser preferidos a los europeos en la distribución de empleos y beneficios de estos reinos* e 2) às *Cartas de un granjero americano*, 1782, escritas pelo colono francês Michel-Guillaume de Crevecoeur. Ambos os textos estão facilmente acessíveis numa recente compilação de documentos reunidos por Richard Morris, Josefina Zoraida Vázquez e Elías Trabulse e publicada sob o título de *Las revoluciones de independencia en México y en los Estados Unidos*. I, pp.31-60. Colección Sep-Setentas, n. 246. Secretaria da Educação Pública, México, 1976. É notável uma frase da *Representación* onde se diz que os criolos não têm outros recursos para se sustentar a não ser o dos empregos públicos e que o brilho da origem não se coaduna com ofícios mecânicos. Do texto de Crevecoeur pode-se dizer, em compensação, que é uma apologia da dignidade desses ofícios e dos trabalhos agrícolas.

Foi assim que se realizou a segunda nova Europa. Não nova como réplica, mas como fruto do desenvolvimento da potencialidade do pensamento moderno, já tão visível na época em que Cristóvão Colombo se lançou ao mar em busca da Ásia. Na América anglo-saxônica cumpriu-se a promessa que, desde o século XV, alentava o messianismo universalista, próprio da Cultura Ocidental. A história dessa América é, sem dúvida, de cepa e molde europeus, mas por todas as partes e em todos os setores percebe-se a marca de um timbre pessoal e de uma inconformidade com a mera repetição.[21] Aí está, como imponente exemplo, sua constituição política, europeia na doutrina mas, ao mesmo tempo, atrevida e original aventura de um povo com legítimos direitos à autenticidade histórica.

Com essa realização plena do ser americano, parece óbvio que já não se deve falar da América como o "novo mundo", salvo por um impulso tradicional, ou num vago sentido que só serve para semear confusão ou para adular aqueles que querem ver na América Latina não se sabe que promessa de redenção humana. Mais do que insistir num velho e num novo mundos, deve-se dizer que surgiu uma nova entidade, que se pode chamar Euro-América, a respeito da qual o Oceano da geografia antiga sofre sua última transformação, ao se converter no novo *Mare Nostrum*, o Mediterrâneo dos nossos dias.

Encaminhemos para o fim este item com a seguinte consideração: assim como o processo inventivo do ser corporal da América colocou em crise o arcaico conceito insular do mundo geográfico, assim também o processo da realização do ser espiritual da América colocou em crise o velho conceito do mundo histórico, como privativo do devir europeu. Graças a essas duas contribuições, principalmente ibérica, a primeira, anglo-saxônica; a segunda, o homem do Ocidente libertou-se do antigo cárcere do seu mundo insular e da dependência moral do eurocentrismo da

---

21. Veja-se o admirável livro de Daniel J. Boorstin, *The Americans,* 3 v., 1958, 1965 e 1973. Parece-nos ser o melhor e mais detalhado estudo para documentar e ilustrar a ideia da América Saxônica que se delineou nessas páginas.

velha hierarquia tripartida. Nessas duas libertações, de tão alta categoria histórica, se edifica a grandeza da invenção da América, duplo passo, decisivo e irreversível, no cumprimento do programa ecumênico da Cultura do Ocidente. Grandeza que é maior do que todos os projetos de vida que se imaginaram e se provaram ao longo da história universal, esse programa é o único com real possibilidade de congregar todos os povos da Terra sob o signo da liberdade.[22] Que a busca dessa meta envolva um percurso de violência e injustiças, que nessa busca se corra, inclusive, o risco de um holocausto atômico, não deve impedir a clara convicção a respeito da autenticidade daquela suprema possibilidade histórica. O destino humano não está predeterminado por algum desenlace fatalmente necessário. Por isso, não há outra política verdadeiramente humanista que não seja a de cooperar para a realização daquela meta. Tenhamos sempre à vista a catástrofe que sobreveio à civilização ática, não por obra do obscuro poderio lacedemônico, mas pelas dissensões demagógicas e pelo falso patriotismo, que Péricles denunciava como o verdadeiro solapador dos ânimos na marcha da civilização.[23]

---

22. No meu estudo "History, *Technology, and the Pursuit of Happiness*", X, indico os motivos da preeminência da cultura ocidental que explicam e justificam sua enorme expansão e, no limite, a inevitável adoção do seu programa essencial por todos os povos da terra. Cf. *The Frontiers of Knowledge*. The Frank Nelson Doubleday Lectures at the National Museum of History and Technology. Smithsonian Institution. Garden City, Nova York, Doubleday and Co., Inc., 1975, pp. 79-103. Este meu ensaio, traduzido para o castelhano, foi publicado na revista *Plural*, n. 12, México, setembro de 1974, pp. 6-15.
23. Veja-se sobre este assunto Edmundo O'Gormann, *"Introducción"* a Tucídides, *Historia de la Guerra del Peloponeso*. México, Coleção "Sepan cuantos ... " 290. Editorial Porrúa, S.A., 1975.

FONTES USADAS NAS NOTAS

1. BEAUMONT, *Aparato*. Fr. Pablo de la Concepción Beaumont, *Aparato para la inteligencia de la Crônica seráfica de la Santa Provincia de San Pedro y San Pablo de Michoacán de esta Nueva España*, México, 1932.

2. BERNÁLDEZ, *Historia*. Andrés Bernáldez, *Historia de los reyes católicos Dom Fernando y Doña Isabel*. Granada, 1856.

3. *Diario del primer viaje*. Cristóvão Colombo, Diario de *su primer viaje*.Extrato de Bartolomeu de Las Casas. Em Navarrete, *Colección* I, 1-166, e *Raccolta* I, i.

4. *Diario del tercer viaje*. Cristovão Colombo, *Diario de su tercer viaje*. Extrato de Bartolomeu de Las Casas. Em Navarrete, *Colección* I, 242-76, e *Raccolta* I, ii, 1-25.

5. FERNANDO COLOMBO. *Vida*. Fernando Colombo, *Vida del Almirante don Cristóbal Colón*. Edição, prólogo e notas de Ramón Iglesia. México-Buenos Aires, 1947.

6. GÓMARA, *Historia General*. Francisco López de Gómara, *Historia General de las Indias*. Zaragoza, 1522-53.

7. HERRERA, *Décadas*. Antonio de Herrera y Tordesillas, *Historia general de los hechos de los castellanos en las islas y Tierra-Firme del Mar Océano*. Madrid, 1601 e 1615.

8. HUMBOLDT, *Cosmos*. Alexandre von Humboldt, *Cosmos; essai d'une description physique du monde*. Paris, 1866-67.

9. LAS CASAS, *Historia*. Bartolomeu de las Casas, *Historia de las Indias*. México-Buenos Aires, 1951.

10. MORISON, *Admiral of the Ocean Sea*. Samuel Eliot Morison, *Admiral of the Ocean Sea. A life of Christopher Columbus*. Boston, 1942.

11. NAVARRETE, *Colección*. Martin Fernández de Navarrete, Colección de *los viajes y descubrimientos, que hicieron por mar los españoles desde fines del siglo XV*, con *varios documentos* inéditos *concernientes a la historia de la Marina Castellana y de los establecimientos españoles en Indias*. Madrid, 1825-37.

12. NORDENSKIÖLD, *Atlas*. A. E. Nordenskiöld, *Facsimile Atlas to the Early History of Cartography with Reproductions of the most important Maps printed in the XV and XVI Centuries. Translated from the Swedish Original by Johan Adolf Ekelof and Clements R. Markham*. Estocolmo, 1889.

13. NORDENSKIÖLD, *Periplus*. A. E. Nordenskiöld, *Periplus. An Essay on the Early History of Charts and Sailing-Direetions, translated from the Swedish Original by Francis A. Bather*. Estocolmo, 1897.

14. O'GORMAN, *La idea del descubrimiento*. Edmundo O'Gorman, *La idea del descubrimiento de América. Historia de esa interpretación y crítica de sus fundamentos*. México, 1951.

15. OVIEDO, *Sumario*. Gonzalo Fernández de Oviedo y Valdés, *Sumario de la natural historia de las Indias*. México, 1950.

16. OVIEDO, *Historia*. Gomalo Fernández de Oviedo y Valdés, *Historia general y natural de las Indias, islas y Tierra-Firme del Mar Océano*. Sevilha, 1851-55.

17. PEDRO MÁRTIR, *Epistolario*. Pedra Mártir de Angleria, "Epistolario". Estudo e tradução por José López de Toro. I. Livros I-XIV. Epístolas 1-231. Em *Documentos inéditos para la Historia de España*. Tomo IX. Madrid, 1953.

18. *Raccolta*. Raccolta di *documenti* e *studi publicata dalla* R. Commisione *Colombiana per quarta centenario della scoperta dell'America*. Roma, 1892-96.

19. VESPÚCIO, *Cartas*. Américo Vespúcio. *El Nuevo Mundo. Cartas relativas a sus viajes y descubrimientos. Textos en italiano, español e inglês. Estudio preliminar de Roberto Leviller*. Buenos Aires, 1951.

ÍNDICE REMISSIVO

Abade de Lucerna, 128
Abraham Ortelio, 188, 189
Academia de Saint-Dié, 174
Açores, 138
Adão, 78, 89, 90, 118, 197 /Novo Adão Americano, 202
A. E. Nordenskiöld, 79, 83, 84, 147, 167, 178, 188
Aeneas Sylvius Piccolomini, 217
África, 79, 83-85, 96, 101, 128, 138,150, 160,174,179,184,186,187,190-195
Alberto Cantino, 167, 168
Alberto Magno, 92
Alfonso de Ulloa, 36
Alexandre de Humboldt, 50-54
Allegretto Allegretti, 111
Almazán, 126
Alonso de Ojeda, 122, 146, 145, 150
América, 18, 19, 25-28, 31-39, 40-57, 61-68, 92-103, 111, 116, 117, 147, 153, 161, 170-191, 196-206 /acontecer histórico americano, 200 /América anglo-saxônica, 204, 206 /América Latina, 200-206 /América do Sul, 145, 176 /aparecimento histórico da América, 18 /conceito formulado por Colombo sobre a América, 104 /conquista filosófica da América, 18 /descobrimento da América, 19, 21, 28, 34-35, 56, 61, 63, 68 /estrutura do ser da América, 182, 187 /Euro-América, 206 /existência da América, 48 /História da América, 173, 200 /ideia do descobrimento da América, 19, 21, 28, 34,35, 56, 61, 63, 68 /imagem prévia que Colombo tinha da América, 106, 115 / intuição da América, 160 /invenção daAmérica, 10, 12, 15, 19, 20, 72, 95, 109, 110, 186, 195 /outra América, 204, 205 /ser corporal de América, 206 /ser de América, 25,67, 99, 176, 178, 199 /ser americano, 199, 200, 202
Américo Vespúcio, 85,146,147-154,156, 159, 160-177,187,199 /carta a L. de Medicis, 150, 159 /carta Mundus Novus, 172 /hipóteses de Vespúcio, 160-165 /*QuatuorAmerici Vesputti Navegation*, 174 /viagens de Vespúcio, 129, 159
Anaximandro, 193
Andrea Bianco, 83
Andrés Bernáldez, 122-128
Aníbal Zenaro, 111

Antilhas, 114, 129, 173
António de Herrera y Tordesillas, 42-44
Arábia, 122
Arcebispo de Braga, 112
Arcebispo de Granada, 112
Aristóteles, 33-35, 81, 84, 89, 101, 113 / tese aristotélica, 77
Armand Raineau, 78
Ásia, 29-49, 53, 55, 79-87, 96, 101-107, 110-114,118, 119, 122-143, 146-150, 157-174, 176, 183, 187, 188-196, 206/ objetivo asiático, 31, 40-48, 103 /tese da península adicional da Ásia, 157
Atlântida, 28 /mito da Atlântida, 40
Augusto Comte, 91
Aurélio Teodósio Macróbio, 79, 80

Barcelona, 32, 112
Bartolomeu de Las Casas, 28, 38-47, 53, 92-122,125,198 /tese apologética de Las Casas, 40, 198
Bartolomeu Colombo, 120, 125, 157
Bartolomeu Dias, 85
Battista Fregoso, 111
Beato de Liébana, 79
Bernardo de Verdun, 82
Beroso, 194
Bíblia, 114 /escrituras, 195,157 /evangelho, 79,195,198 /mito bíblico, 88, 89, 91, 93
Brasil, 145, 147, 153
Brescia, 79, 119
Buenos Aires, 17,30, 110
Bula *Aeternis regis*, 110
Bula *Dudum siquidem*, 110, 112
Bula *Inter Caetera*, 110

Cabo da Boa Esperança, 102, 131, 150, 151
Cabo de Cuba, 121
Cabo Graças a Deus, 154
Cabo Verde, 148, 150, 151
Cádiz, 122
Canárias, 154
Cardeal Ascâneo Sforza, 112, 113

Cardeal Bernardino de Carvajal, 155
Caribana, 151
Carlos III, 205
Castela, 137, 176
Catai, 84, 195
Cattegara, 150
Cecco d'Ascoli, 82
Charles Singer, 87
China, 104, 124
Ciamba, 155
Cibao, 122
Cícero, 79
Ciguare, 155
Cipango, 84, 87,104,105,121,122,141
Circum-navegação, 83, 150
Colômbia, 145
Colonização, 67, 127
Conchinchina, 155
Concepção meta geográfica, 195
Concepção substancialista, 62, 66
Concepção transcendentalista, 40,49,60
Conde de Tendilla, 112
Continente, 25, 33-46, 49, 55, 60-66, 72, 103, 121, 122, 140, 176, 190-192, 200, 205 /continente desconhecido, 44, 45, 55, 58-66, 78, 121, 129, 147, 159, 178 / ser ou sentido do continente, 149
Cosmas de Alexandria, 73
Cosmographiae Introductio, 174-191 / tese da *Cosmographiae Introductio,* 188
Cosmos, 50-52, 73, 76, 95, 118, 195 /cárcere cósmico, 118
Crioulismo, 202 /crioulo, 202, 203, 205
Cristianismo, 31, 72, 76, 77, 91, 96, 171, 193 /cristandade, 195 /Cristo, 41, 77, 79, 95, 196, 197 /Deus, 29, 39, 40, 57, 60, 73, 77, 78, 88-91, 95, 108, 117, 136, 141, 144, 160, 184, 199, 202, 205 /Igreja, 195 /Jesus, 195 /Jesus Cristo, 187 /Santa Sé, 110 /Santíssima Trindade, 195, 223 /Hacedor, 202
Cristóvão Colombo, 25-41, 42-61, 64-86, 93-113, 114-144, 146-167, 173-188,

199 /capitulações assinadas por Colombo, 102 /cartas de Colombo, 81, 126, 138, 139, 140, 156 /conceito formulado por Colombo sobre a América, 104 /crenças de Colombo, 31, 109, 113, 115, 129 /Diário de Colombo, 133-138 /empresa de Colombo, 44, 47, 51, 52, 54, 68 /façanha colombiana, 33, 41 / hipóteses de Colombo, 115, 144, 146, 147 /ideias geográficas de Colombo, 121 /imagem prévia que Colombo tinha da América, 106, 115 /objetivo de Colombo, 40 / primeira viagem de Colombo, 28, 31, 42, 103, 121, 122, 143, 149 /projeto de Colombo, 45, 47, 48, 101, 102 /promessas de Colombo, 125 / quarta viagem de Colombo, 38, 154, 163 /segunda viagem de Colombo, 44, 119, 122, 129,140,197, 202 /sentido histórico da empresa de Colombo, 68 / terceira viagem de Colombo, 45, 55,81,126,129,132-138,139,140-142, 146,153,161,184 /viagens de Colombo, 46, 54, 58, 64, 100, 112, 114

Cuba, 121-135, 138, 143, 154, 157 /terra de Cuba, 122-133, 143 /Juana, 122 / insularidade de Cuba, 128 /extensão da costa de Cuba, 122, 128

David, 157
Daniel J. Boorstin, 205
Dante Alighieri, 82
Descobrimento, 35-66, 178, 185 /descobrimento da América, 19-54, 72, 149/ descobrimento casual da América, 65/descobrimento das índias, 33, 35/ empresa do descobrimento, 28, 29 / ideia do descobrimento da América, 19, 21, 28, 34, 56, 61, 63, 68 /"ser descobrível", 64
Diego Lepe, 145
Diego de Porras, 152
Dilúvio, 91
Diódoro de Tarso, 73

Dionísio, o Areopagita, 195 Doutor Chanca, 127
Duque de Ferrara, 167

E. Kant, 27, 54
Edmundo O'Gorman, 12, 17-19, 28, 29, 38, 201, 202, 204, 207 Edmond Buron, 78, 86
E. G. Ravenstein, 86
Egito, 193
E. L. Stevenson, 101, 193
Elías Trabulse, 205
Empresa, 31-50, 54-58, 96, 102, 114, 122, 136, 137, 138, 145, 171 /empresa de Colombo, 44-54, 68 /empresa do descobrimento, 28, 29 /sentido histórico da empresa de Colombo, 68
Encomienda, 201, 205
Enrique de Gandía, 30
Eratóstenes, 77, 89, 193
Esdras, 81-84, 134
Espanha, 57, 84, 85, 99-116, 124-129, 136-143, 151, 155, 156, 204 /ser hispânico, 202, 203
Espírito teológico, 91
Estrabão, 88, 193, 191, 195, 223
Europa, 3744, 52, 79-87, 96, 101, 102, 113,119,129,146,151,157,168-178, 187-206
Eusébio de Cesárea, 73

F. Tarducci, 30
F. R. von Wieser, 116, 157, 188
F. W. Nietzsche, 178
Fernando Colombo, 30-48, 92, 122
Fra Mauro, 84, 193
Francesco Roselli, 165
Francisco López de Gómara, 28, 35-37, 192
Frecerick Jackson Turner, 201

G.Uzielli, 111
G. M. Contarini, 165, 167
G. P. Galluci, 88
G. W. F. Hegel, 195
Gérard Mercator, 88

Golfos, 133, 138-140 /Arábico, 127 /Darién, 145 /das Flechas, 121 /de Paria, 133 /de Urabá, 151 /Gran Golfo, 86, 200
Gonzalo Coelho, 149
Gonzalo Fernández de Cviedo y Valdés, 28,31-40,188,196
Grande Kan, 104-105
Guerra y Niño, 145
Guilherme de Rubriquis, 81 Guillermo Coma, 122

Haiti, 28, 113
Hannon, 127
Hecateo, 192, 193
Hemisfério, 78-83, 89, 92, 112-119, 134, 142, 146,157, 158, 165, 172, 178
Henricus Martellus Germanus, 86, 120, 146
Henry Harrisse, 147
Henry R. Wagner, 188
Heródoto, 96, 193
Hespérides, 35-40
Hiparco, 77, 193
Hipóteses, 27, 37-48, 55, 78, 81-87, 106-115, 119,129-146, 156, 161-164, 178, 188 /hipóteses de Colombo, 115, 144-147 /hipóteses de Vespúcio, 160-169
História, 18-62, 68, 76, 87, 90, 100-105, 109-116, 121, 122, 126, 127, 128, 131, 135, 139, 148, 151, 152, 162, 178, 188-192, 195, 197, 202-205 / acontecer histórico americano, 200 / aparecimento histórico da América, 18 /concepção idealista da História, 50 /devir histórico, 20, 21, 50, 61 /ente histórico, 21,91 /estrutura histórica do mundo, 12, 96 /História da América, 174, 200 /historiografia colombiana, 54, 103 /homem histórico, 90, 91, 204 /sentido da história americana, 15, 181 /sentido histórico da empresa de Colombo, 64

Homem, 25, 36-73, 78, 79, 87-118, 122-134,144,160,184,185, 195-205, 206 / dogma fundamental da unidade do gênero humano, 169, 197 /homem caído, 90 /homem histórico, 90, 91, 204 /homem moderno, 92 /humanidade do homem monstruoso, 196 /morada do homem, 117 /mundo original do homem, 90 /origem do "homem americano", 197
Homero, 95, 192, 193

Ideia, 20, 25-66, 79, 87, 82-118, 133-167, 168, 176, 185-197,205 /ideia do descobrimento da América, 15, 19, 21, 28, 34, 56, 61, 63, 68 /ideia da Ilha da Terra, 118 /ideias geográficas de Colombo, 120
Ilha, 25, 26, 27, 40, 54, 77-95, 103, 141, 157-177,190 /ideia da Ilha da Terra, 118 /Ilha Espanhola, 28, 113, 122, 127, 136, 138, 140, 151, 154 /Ilha Gorda, 122 / Ilhas de Hierro, 154 / Ilha da Terra, 77-94, 101-118, 124, 129-138, 143, 151, 160-177, 183-189, 192,196 /Ilha La Trinidad, 133 /imagem da Ilha da Terra, 118 /imagem insular do mundo, 95, 206 /insularidade de Cuba, 128 /*Insularum Domus*, 95 / *Insularius,* 95
Imagem, 21, 65, 79, 86, 95, 100, 106, 115, 116, 127-135, 169, 174, 200 /imagem geográfica tradicional, 65 /imagem da Ilha da Terra, 118 /imagem insular do mundo, 95, 206 /imagem prévia que Colombo tinha da América, 106, 115
Imperador Dom Carlos, 192
Índia, 83, 86, 110, 119, 131, 144, 151, 167/ Índia Asiática, 37 /Índia Gangética, 155
Índias, 1-28, 31-47, 110, 138, 141, 195-197 /acesso às Índias, 119 /descobrimento das Índias, 35 /passagem para as Índias, 47

Índios, 78, 122, 146, 198, 201 /caribes, 121, 122, 125, 127, 134 /civilizações indígenas, 197 /natureza e índole dos índios americanos, 198 /natureza dos nativos, 196 /origem do "homem americano", 197 /povoadores nativos, 125
Infante Dom Henrique, 83
Inglaterra, 57-129
Isaías, 141

J. A. de Villiers, 129, 145, 159
J. D. Solís, 129, 146
J. G. von Herder, 195
J. P. Migne, 79
Jacobo Moreli, 156
Jaime Cortesão, 30
Jamaica, 121, 125, 140, 156
Japão, 25, 26, 27, 54, 84, 87, 104, 121
Jean Henri Vignaud, 29, 38
Jeová, 90
Joannes Ruysch, 121, 165
Joannes Stobnicza, 178
João de Portugal, Dom, 134
João XXII, 194
John de Mandeville, 122
Jos. Fischer, 174, 188
José de Acosta, 17, 18, 195
José López de Toro, 111
José Toríbio Medina, 145
Josefina Zoraida Vázquez, 205
Josefo, 157, 194
Juan Aguado, 125
Juan Borromeu, 111
Juan de Ia Cosa, 121, 147
Juan David Garcia Bacca, 72, 94
Juan Giné de Sepúlveda, 198
Juan López de Velasco, 196
Juan Miguel Albertq de Garrara, 82
Juan de Plan Carpín, 81
Juana de Ia Torre, 141

K. Haebler, 30 King-Mamy-Huntington, 167 Kuntsmann II, 167, 168

L. Gallois, 30
L. A. Sêneca, 40, 87, 113
L. C. F. Lactâncio, 73
L. von Ranke, 54
Lawrence C. Wroth, 79, 86
Líbia, 193
Linha alexandrina, 111
Linha equatorial, 131, 138
Lisboa, 149, 150, 154, 171
Lopo Homem, 188
Lorenzo de Pier Francesco de Medicis, 150, 157, 159
Lucas Fancelli, 111
Lúcifer, 76 /Satanás, /127 Luís de Camões, 52
Luis de Ulloa, 30

M. Behaim, 40, 146
M. Heidegger, 100
M. Waldseemüller, 119, 121, 174, 176, 188
Madri, 42, 46, 110, 147 Magón, 122
Manegold, abade de Marbach, 79 Mangi, 84, 85, 122, 123, 156
Mar Oceano, 35,41, 110
Mar do Sul, 4
Marcel Bataillon, 18, 29, 38
Marcel Proust, 108
Mare Nostrum, 206
Marco Polo, 81-88, 104, 119, 134, 135, 146, 147, 154, 155, 157 /irmãos Polo, 79
Marino Sanuto, 111, 193
Martin Fernández de Navarrete, 46, 47, 102, 110, 122, 123, 155, 156, 157 Max Scheller, 204
Mediterrâneo, 206
Messianismo universalista, 206
México, 13, 17, 18, 29, 43, 201-207 Michel Guillaume de Crevecoeur, 205
Miguel de Cuneo, 122, 128
Miguel Scoto, 194
Moisés, 116
Monte Sophora, 206

Mundo, 21, 36-41, 52, 62, 63, 72, 79-100, 103, 108, 114, 135, 138, 143, 144, 153, 159-188, 195, 196, 197, 199, 201 /estrutura histórica do mundo, 12, 96 / imagem insular do mundo, 95, 206 /limite cósmico do mundo /mundo original do homem, 90 /morada do homem, 117 /*mundus novus,* 159-173 /*novo mondo,* 159, 173 /novo mundo, 12, 18, 40, 47, 65, 96, 114, 142-151, 159-173, 198-200 /*novus orbis,* 114 / nuevo mundo, 144, 154, 159 /província cósmica do mundo, 144 /quarta parte do mundo, 79, 92, 93, 121,176, 178, 186, 197, 198, 221 /segundo mundo, 90 /unidade do mundo, 144, 168 /velho mundo, 195, 199 /visão clássica do mundo, 93 /visão patrística do mundo, 93 /visão tripartida do mundo, 96, 196

N. Copérnico, 82
Navidad, 122
Nicolás de Ascelin, 81
Nicoló Caneiro Januensis, 121, 167
Nicolo Syllacio, 122
Noé, 90, 91, 96, 195
Normandos, 49-52 /expedições normandas, 49, 51
Nova Jerusalém, 205

Oceano Atlântico, 85, 86, 103, 114, 119, 154, 156
Oceano Índico, 85, 121-134, 143, 150-157, 195 /passagem para o Índico, 86, 87
Ocidente, 47, 48, 61, 62, 64, 68, 72, 83, 85, 87, 101, 149, 154, 168, 172, 186 / ocidental, 48, 84, 87, 114, 120, 142, 146, 148, 206, 207
Ofir, 114, 121, 141
Ophaz, 141
Oriente, 45,81,83-85,101,104,106,113, 118, 119, 122, 131, 136, 138, 141, 143, 154, 155, 174 /oriental, 84, 86, 106, 108, 145-147, 163,165

P. Gaffarel, 30
P. Kretschmer, 83
P. Orosio, 86, 87
Pablo de La Concepción Beaumont, 36, 44
Panamá, 145, 202
Paraíso, 90, 91, 138-140 /Paraíso Terrenal, 136-141 /Paraíso Terrestre, 89, 135-145, 151 /Horto das Delícias, 89,90
Parmênides, 89 Patagônia, 153 Pátrocles, 77
Pedro Álvares Cabral, 149, 150
Pedro D'Ailly, 78-85, 134
Pedro Mártir de Anglería, 111-115, 122, 128, 156
Pedro Simón, 195
Pedro Velasco, 30
Península, 84,85,86,119,124,135,143, 154-155, 193 /península adicional, 86,119,120,146,157,161,163 /península de Malaca, 86, 124 /península única, 86, 119, 129 /tese da península adicional da Ásia, 157
Péricles, 207
Pietro Dolfin, 111
Pietro Parenti, 111
Piloto anônimo, 31-38, 46 /lenda do piloto anônimo, 28-31, 33, 39
Plínio, 193
Políbio, 89, 193
Polo Antártico, 157
Pompônio Mela, 77, 88, 193
Possidônio, 89
Portugal, 102, 110, 132, 133, 151, 157
Príncipe Domjuan, 141
Procópio de Gaza, 73
Ptolomeu, 77, 84, 119, 121, 134, 193/ concepção ptolomaico-cristã do universo, 119

Quersoneso Áureo, 85, 86, 113, 124, 127, 131-135, 142, 143, 150, 154

Raban-Maur, 79, 194
Reis católicos, 48, 102, 138, 140 /Fernando, 48, 51, 102, 156
Renascimento, 79, 186
República de Honduras, 153-154
Ricardo Levene, 30
Richard Morris, 205
Richard Willes, 195, 196
Rio Ganges, 155
Rio Jordão, 153
Rio Oceano, 95
Rio da Prata, 153
Ristoro d'Arezzo, 82
Roberto Aglicus, 82
Roberto Levillier, 161, 167, 171, 188
Rodrigo de Bastidas, 145
Roger Bacon, 81, 93, 134 /tese de Roger Bacon, 134
Rolando Malipiero, 111
Roselly de Lorgues, 30
Rotas, 47, 84 /rota ocidental, 42, 119, 129, 173 /rota oriental, 102 /rota do poente, 55

S. Caboto, 129
Saba, 122
Salomão, 157
Samuel Elliot Morison, 30,55,65,76,99, 114, 122, 157
San Juan (Porto Rico), 125, 126
San Salvador, 106
San Lúcar de Barrameda, 131
Santo Agostinho, 28, 29, 31, 73-79, 194, 195, 196, 197
Santo Ambrósio, 73, 190
Santo Domingo, 113, 136, 137, 154 Santo Isidoro de Sevilha, 73, 79, 92, 93, 194
São Basílio, 73 São Cesáreo, 73
São Clemente de Alexandria, 73
São Cristóvão, 147

São João, 141
São João Crisóstomo, 73
São Mateus, 194
São Paulo, 78
Sebastián Cubero, 11
Severiano de Gabala, 73
Sevilha, 35, 126
Simplicius, 82
Sino Magno, 86, 150
Sophus Ruge, 30
Stendhal, 108

Tarsis, 141
Temixco, 17
Teodoro de Mopsuestia, 73
Terra, 28-51, 55, 58-60, 73-100, 104-121, 122, 127-145, 147, 153, 155, 159-200, 207 /concepção patrística da terra, 73/ concepção unitária de novas terras, 135, 177 /divisão do globo terrestre, 89 /ecúmeno, 87, 89, 193 /esfericidade da Terra, 79 /globo terrestre, 51, 76, 77, 84, 87, 89, 94, 101, 138, 142, 184/ideia da Ilha da terra, 118 /imagem da Ilha da Terra, 106 / massa de terra austral, 131, 134, 162, 163, 165, 167, 172, 184 /orbis alterius, 88, 121, 135, 160 /orbis tenarum, 78-93, 101-121, 129-147, 157-177, 184-196 /ser concreto das terras encontradas, 114/ terra de Américo, 177 /terra de dimensões continentais, 133, 136, 142, 157/terra firme, 96, 110, 121, 122-147, 154,157,162-165, 173 /terra de Paria, 138-144, 154 / terra seca, 81, 82,134, 139 /terras antípodas, 77, 78, 92, 119/ terras desconhecidas, 28, 29, 33, 42
Toledo, 31
Tordesilhas, 110, 111, 153 /Tratado de Tordesilhas, 110, 153
Tribaldo de Rossi, 111
Trópicos, 85 /Trópico de Câncer, 89 / Trópico de Capricórnio, 85
Tucídides, 207

Ulisses, 103, 104
Universo, 62, 63, 72, 73, 76, 82, 87-100, 117, 118, 184, 185, 202 /concepção geocêntrica do universo, 62, 63, 87, 92 /concepção heliocêntrica do universo, 62 /concepção ptolomaico--cristã do universo, 119 /zona de decomposição do universo, 119 /zona elementar do universo, 74
Urbano V, 194

V. Bering, 174
Valência de la Torre, 151
Vasco da Gama, 127, 131, 151
Vázquez de la Frontera, 30
Vélez de Mendoza, 145
Veneza, 36, 119, 156
Venezuela, 133
Veragua, 157
Viagens, 28-42, 48, 51, 55-59, 79, 83, 85, 100-108, 117, 119, 121-141, 145-163, 171, 172 /viagens de Américo Vespúcio, 149, 172, 173 /viagens de Colombo, 46, 54, 58, 64, 100, 111, 112, 113/ viagens de reconhecimento, 109 / primeira viagem de Colombo, 28, 30, 31, 42, 44, 103, 121, 122, 143, 149 /quarta viagem de Colombo, 38, 154, 163 /segunda viagem de Colombo, 31, 44, 45, 120, 122, 129, 140 /terceira viagem de Colombo, 45, 55, 81, 126, 129, 131-142, 146, 151, 152, 153, 161, 184
Vicente Yáñez Pinzón, 145
Villa de la Isabela, 125, 126
Villa de Santa Fé de Granada, 103
Visão, 51, 177, 186, 191 /visão clássica do mundo, 93 /visão patrística do mundo, 93 /visão tripartida do mundo, 96, 196

Walter Prescott Webb, 205
Washington Irving, 47, 48, 49, 53
West Port, 18
William Robertson, 44
Wolfelm, 79

Yamaye, 122

Zona, 74, 76, 86, 89, 92, 93 /zona elementar do universo, 74 /zona de decomposição do universo, 74

SOBRE O LIVRO

Coleção: Biblioteca Básica
Formato: 14 x 21 cm
Mancha: 25 x 44 paicas
Papel: pólen 70g/m² (miolo)
Offset 240/m² (capa)
1ª Edição: 1992

EQUIPE DE REALIZAÇÃO

Edição do texto
Dalila Maria Pereira Ramos (Preparação de original)
Fernanda Spinelli Rossi
Fábio Gonçalves e
Bernadete dos Santos Abreu (Revisão)
Oitava Rima Prod. Editorial (Atualização Ortográfica)

Editoração Eletrônica
Santana (Diagramação)

Projeto Visual
Lourdes Guacira da Silva

Impressão e acabamento
psi7 | book7